青春文庫

史記と三国志

天下をめぐる覇権の興亡が一気に読める！

おもしろ中国史学会［編］

青春出版社

はじめに

『史記』と『三国志』は、世界中に翻訳され、コミック、ゲーム、ドラマに映画、小説と無数のスピンオフを生み出している歴史物語である。いうまでもなく、舞台は大昔の中国だ。

どちらも大長編である。『史記』が描くのは約二五〇〇年間という日本史全体よりも長い期間。いくつもの王朝が生まれては滅びていく雄大な時間軸のなかで、名君、名宰相、軍師、英雄などが活躍する。『三国志』は一世紀ほどの期間の物語だが、三つの勢力が激突するので、それぞれの陣営に多彩な人物が揃っており、濃密なドラマとなっている。

いずれも、オリジナルはあくまで「歴史書」である。これを読み通すのは中国史の専門家でなければ難しい。『史記』や『三国志』について気になっているけど、あんなに長いのはとても手が出ないという方は多い。そのため、小説やコミックなどが生まれているが、それもまた長い。なにしろ『三国志』のコミック版で最も有名な横山光輝《よこやまみつてる》版は六〇巻もあるし、『三国志』の曹操《そうそう》を主人公にした『蒼天航路《そうてんこうろ》』（原作・李學仁《イハギン》、漫画・王欣太《キングゴンタ》）も三六巻、『史記』の秦の始皇帝《しこうてい》を描く『キングダム』（原泰久《はらやすひさ》）はまだ連載中で、すでに四八巻を超えている（二〇一七年一〇月現在）。コミックといえども、読み始めるには、それなりの勇気が必要な長さである。

本書では、この二大長編を、中国史の知識のない方でも楽しんで読んでいただけるように、読みやすく、わかりやすく、構成したものだ。世界中で親しまれ、人生の深さを教え、世の中の厳しさを実感させ、友情に共感し、儚《はかな》さに感涙《かんるい》させている、波瀾万丈、血湧き肉躍る人間ドラマ、『史記』と『三国志』の世界の概略をつかんでいただきたい。

二〇一七年十二月

おもしろ中国史学会

史記と三国志　天下をめぐる覇権の興亡が一気に読める！

＊目次

序章 『史記』と『三国志』を読む前に知っておきたいこと……15

第一部　『史記』の全貌

カバーイラスト■シゲリカツヒコ
本文図版作成■ハッシィ
本文図版作成・DTP■フジマックオフィス
制作■アルファベータ

序章

『史記』と『三国志』を読む前に知っておきたいこと

1 『史記』と『三国志』は、どちらが先にできたのか

『史記』と『三国志』は、ともに中国の歴史書だ。これを原作にして、日本では多くの作家が小説を書き、コミックも描かれている。スピンオフ作品の数では世界一かもしれない。

よく「中国四〇〇〇年の歴史」というが、『史記』が扱うのは、その最初の約二五〇〇年間に及ぶ。ヤマト朝廷から現在までの日本史よりも長い時間の壮大なドラマなのだ。

『史記』の最初に登場する皇帝は「黄帝《こうてい》」で、紀元前二五一〇年に生まれ、前二四四八年に亡くなったとされる。そこから、前漢帝国の第七代皇帝武帝《ぶてい》（前一五六〜前八七）の時代までの歴史が描かれている。

その間に古代中国では多くの国が生まれては滅んでいった。つまり、『史記』は戦争の歴史そのものでもある。

紀元前二五一〇年に生まれた黄帝から始まるが、最初の数世紀の人物や出来事は実在したかどうか確定できない時代なので、実質的には、紀元前一一〇〇年頃の殷《いん》王朝の滅亡から『史記』の作者・司馬遷《しばせん》にとっての「現代」である前一〇〇年前後くらいまでの約一〇〇〇年の歴史がくわしく描かれている。

そのなかでも、中心となるのが、春秋時代（前七七〇〜前四〇三）、戦国時代（前四〇三〜前二二一）という約五〇〇年にわたる戦乱の時代だ。

『史記』の最初のクライマックスにあたるのが、この五〇〇年の戦乱を終わらせ、中国で最初に全土を統一した秦《しん》の始皇帝《しこうてい》の物語だ。コミック『キングダム』の主人公たちの時代である。

始皇帝はその名の通り、「最初の皇帝」だった。以後、秦の皇帝が第二代、第三代と永遠につづくはずだったが、始皇帝が亡くなると、再び戦乱の世となり、最終的には楚《そ》の項羽《こうう》と漢の劉邦《りゅうほう》とが雌雄を決して、劉邦が勝利して漢が帝国となった。

だが漢は二度、滅びる。最初の漢帝国を前漢、次の漢帝国を後漢というが、その後漢が滅びるところから、魏《ぎ》、蜀《しょく》、呉《ご》の三国が台頭して三つ巴の闘いをした約半世紀を描いたのが、『三国志』だ。

したがって、『史記』の続編が『三国志』と言ってもいいが、その間には前漢帝国が滅んで、後漢帝国が成立するまでの歴史もあるのを忘れてはならない。

2 『史記』は、誰がどんな目的で書いたものなのか

歴史小説が好きな方なら、司馬遼太郎《しばりょうたろう》がペンネームであることもご存じだろう。本名は福田定一といい、「司馬遷《しばせん》に遼《はるか》に及ばざる日本の者（故に太郎）」という意味で、司馬遼太郎と名乗った。

その司馬遼太郎がとうてい及ばないと思った司馬遷こそが、二五〇〇年間の歴史を描いた『史記』の作者なのだ。

司馬遷は紀元前一四五年前後に生まれたらしい。歴史家でありながら、自分の生年についてちゃんと書き残してくれなかったので、正確な生年は分かっていない。

司馬一族のルーツは、周《しゅう》の王室に仕えていた記録係である。周王室が衰退すると一族は各国に離散した。

そのひとりが漢《かん》に仕えるようになり、司馬談《しばたん》の代で帝国の記録を司る太史令《たいしれい》に任命され、その息子が司馬遷である。

司馬遷は父の後を継いで太史令となり、最初の大仕事として前一〇四年に新しい暦《こよみ》、太初暦を完成させた。このあたりまでは順調な人生だったが、大きな悲劇が司馬遷を襲った。

紀元前九九年、匈奴《きょうど》討伐に遠征した将軍・李陵《りりょう》が大敗し、投降して捕えられてしまった。これに武帝は激怒し、臣下はみな追随して李陵を非難した。そのとき、司馬遷だけは李陵を弁護した。李陵の部隊はもともと勝ち目のない囮《おとり》の部隊だったのである。

それを聞いた武帝はすでに冷静な判断力を失っていたので、司馬遷を捕え死刑を命じた。司馬遷は父の遺志でもあった歴史書を完成させるためにも生きなければならなかった。当時、大金を積むか、死よりも屈辱とされた宮刑《きゅうけい》（去勢されること）を受ければ死刑を免れる制度があった。

司馬遷には財産がなかったので、後者を選ぶしかなかった。四〇代にして男でなくなった司馬遷は、残りの生涯を『史記』完成に全精力を注いだのであった。

3 『史記』は、どのくらい長い話なのか

『史記』は、歴史書の形式を決めた点でも後世に残る。司馬遷はまさに、「歴史を作った人」なのである。『史記』は三皇五帝《さんこうごてい》の五帝の時代から、当時の「現代」である漢の武帝の時代までを「紀伝体《きでんたい》」という、ひとりひとりの伝記のスタイルで綴ったもので、一三〇篇、五二万六五〇〇字という大作だ。

当時は紙がまだなく、竹でできた長さ約二二センチくらいの札（竹簡《ちくかん》）に書いていった。一片に二〇字前後しか書けなかったというから、約二万六三〇〇枚である。清書する前のメモを書くものすらない時代だ。

司馬遷が書いた当初は『太史公書』と呼ばれていたが、やがて、『太史公記』『太史記』と呼び名が変わり、後漢時代の三世紀以後、『史記』と呼ばれるようになって、現在に至る。

『史記』は一篇の大長編として書かれているのではない。「本紀《ほんぎ》」「世家《せいか》」「列伝《れつでん》」

「書」「表」の五種類のフォーマットで書かれている。

「本紀」は一二巻で、これは王朝あるいは君主ごとに、それぞれ、いつどこで何をしたかが時間の順に書かれている。「世家」は名家や諸侯についての記録で三〇巻、「列伝」は君主ではない人、思想家、侠客、商人などの有名人について書かれたもので七〇巻だ。「列伝」最後の第七〇巻は司馬遷の自伝となっている。

各巻の終わりには、「太史公曰く」として、司馬遷によるその人物についての寸評が書かれているのも特徴のひとつだ。

「書」は儀礼・天文・経済などの制度について書かれた資料集みたいなもので八巻、「表」は年ごとの事件が書かれた年表のようなもので一〇巻という構成になっている。

ひとりひとりの人物の生涯については、その人の部分を読めばいいので分かりやすく、これを歴史記述における「紀伝体」という。だがこのスタイルだと、ある年に何があったかは、全体を把握しないと分からないという欠点がある。それを補うのが「表」にあたる部分だ。

皇帝ひとりずつを書いていくというスタイルは、『日本書紀』に始まる日本の「正

第一七巻　孔子世家
第一八巻　陳渉世家
第一九巻　外戚世家
第二〇巻　楚元王世家
第二一巻　荊燕世家
第二二巻　斉悼恵王世家
第二三巻　蕭相国世家
第二四巻　曹相国世家
第二五巻　留侯世家
第二六巻　陳丞相世家
第二七巻　絳侯周勃世家
第二八巻　梁孝王世家
第二九巻　五宗世家
第三〇巻　三王世家

■列伝
（七〇巻にわたる個人の伝記）

伯夷列伝
管晏列伝
老子韓非列伝
司馬穰苴列伝
孫子呉起列伝
伍子胥列伝
仲尼弟子列伝
商君列伝
蘇秦列伝
張儀列伝
樗里子甘茂列伝
穰侯列伝
白起王翦列伝
孟子荀卿列伝
孟嘗君列伝
平原君虞卿列伝
魏公子列伝
春申君列伝
范雎蔡沢列伝
楽毅列伝
廉頗藺相如列伝
田単列伝
魯仲連鄒陽列伝
屈原賈生列伝
呂不韋列伝
刺客列伝
李斯列伝
蒙恬列伝
張耳陳余列伝
魏豹彭越列伝
黥布列伝
淮陰侯列伝
韓王信盧綰列伝
田儋列伝
樊酈滕灌列伝
張丞相列伝
酈生陸賈列伝
傅靳蒯成列伝
劉敬叔孫通列伝
季布欒布列伝
袁盎晁錯列伝
張釈之馮唐列伝
萬石張叔列伝
田叔列伝
扁鵲倉公列伝
呉王濞列伝
魏其武安侯列伝
韓長孺列伝
李将軍列伝
匈奴列伝
衛将軍驃騎列伝
平津侯主父列伝
南越列伝
東越列伝
朝鮮列伝
西南夷列伝
司馬相如列伝
淮南衡山列伝
循吏列伝
汲鄭列伝
儒林列伝
酷吏列伝
大宛列伝
游侠列伝
佞幸列伝
滑稽列伝
日者列伝
亀策列伝
貨殖列伝
太史公自序

史記の構成

■本紀
（一二巻にわたる歴代王朝の編年史）

第一巻　五帝本紀（五帝）
第二巻　夏本紀（夏）
第三巻　殷本紀（殷）
第四巻　周本紀（周）
第五巻　秦本紀（秦）
第六巻　秦始皇本紀（始皇帝）
第七巻　項羽本紀（項羽）
第八巻　高祖本紀（劉邦）
第九巻　呂太后本紀（呂雉）
第一〇巻　孝文本紀（文帝）
第一一巻　孝景本紀（景帝）
第一二巻　孝武本紀（武帝）

■表（一〇巻にわたる年表）

第一巻　三代世表
第二巻　十二諸侯年表
第三巻　六国年表
第四巻　秦楚之際月表
第五巻　漢興以来諸侯王年表
第六巻　高祖功臣侯者年表
第七巻　恵景間侯者年表
第八巻　建元以来侯者年表
第九巻　建元已来王子侯者年表
第一〇巻　漢興以来将相名臣年表

■書
（八巻にわたる各分野の制度史）

第一巻　礼書
第二巻　楽書
第三巻　律書
第四巻　暦書
第五巻　天官書
第六巻　封禅書
第七巻　河渠書
第八巻　平準書

■世家
（三〇巻にわたる列国諸侯の歴史）

第一巻　呉太伯世家
第二巻　斉太公世家
第三巻　魯周公世家
第四巻　燕召公世家
第五巻　管蔡世家
第六巻　陳杞世家
第七巻　衛康叔世家
第八巻　宋微子世家
第九巻　晋世家
第一〇巻　楚世家
第一一巻　越王句践世家
第一二巻　鄭世家
第一三巻　趙世家
第一四巻　魏世家
第一五巻　韓世家
第一六巻　田敬仲完世家

史」もその影響を受けている。

さて、ここで「正史」という言葉が出て来たが、これは必ずしも「正しい歴史」、つまり「真実の歴史」という意味ではなく、「公式の歴史書」という意味だ。

中国では、ひとつの王朝、帝国が滅びると、次の王朝の君主が自分が滅ぼした前王朝の歴史を編纂させるという伝統が生まれた。自分の王朝のことを書くと、美辞麗句ばかりになるが、前の王朝のことなので、客観的と言えば客観的になる。

こうして中国には『史記』を第一の正史として、これまでに二十六の正史が作られた。いまのところ最新の二十六番目の「正史」は中華民国時代の一九二八年に出版された大清帝国の歴史『清史稿《しんしこう》』である。その前の『新元史《しんげんし》』と『清史稿』を除いて「二十四史」とする場合もある。

4 『三国志』と『三国志演義』の違いは何か

『三国志』は『史記』『漢書《かんじょ》』『後漢書《ごかんじょ》』に次ぐ、第四の正史にあたる。

三国が闘った時代が終わり、統一王朝として晋《しん》帝国が成立してから書かれた。書いたのは、陳寿《ちんじゅ》という歴史家だ。

陳寿は、三国時代の只中の二三三年に蜀《しょく》で生まれ、宮廷の公文書を扱う部署で仕事をしていた。蜀が滅びてしまうと失業したが、後に晋王朝に仕え、歴史書『三国志』を書いたのである。この「志」は「こころざし」という意味ではなく雑誌の「誌」と同じ、つまり「本」という意味だ。「二十四史」それぞれのタイトルは『漢書』のように「書」とあるものや『南史』のように「史」を使うものとがあるが、「志」を使っているのは『三国志』だけで、「記」を使うのは『史記』だけだ。この二つがあまりにも有名なので、後世の歴史家は遠慮したのだろうか。

この「正史」版『三国志』をもとに大胆に脚色した小説が中国で書かれた。いわばスピンオフである。一般に多くの人に読まれているのは、その小説版「三国志」で、正式には『三国志演義』というタイトルだ（『三国演義』ともいう）。作者は一四世紀、明の時代の人、羅貫中《らかんちゅう》。

一四世紀なので、実際の三国時代から千年以上過ぎており、いまの日本の作家が平安時代を舞台にした歴史小説を書くようなものだ。これは小説なので、フィクションがまざっている。もちろん、おおもとの物語は史実に基づいているが、専門の歴史家によると、三割ぐらいがフィクションらしい。

フィクション部分も、羅貫中自身が創作したというよりも、それまでの千年の間に、庶民の間で広まっていた伝説などをベースにしている。中国にも講釈師がいて、歴史物語をおもしろおかしく語っていたわけで、それらが羅貫中によって集大成されたのである。当然、おもしろいエピソードばかりを採用したわけだから、『三国志演義』がつまらないわけがない。

さらに、『三国志演義』の最大の特徴は、歴史書版『三国志』では滅びる側だった蜀の皇帝、劉備《りゅうび》玄徳《げんとく》やその軍師である諸葛孔明《しょかつこうめい》を主人公とし、魏《ぎ》の曹操《そうそう》を悪役としている点だ。いわば、悪が栄え、正義が滅びるドラマに、完全に書き換えてしまったのだ。

これが、中国の庶民に受けた。さらには、海を越え、時代を超えて、日本人にも受けた。

というわけで、いまの日本で一般的に『三国志』という場合、もともとの歴史書ではなく、小説版『三国志演義』の物語のことをいう。コミックや映像作品の多くも、小説版を「原作」としている。

しかし、最近の例ではコミック、『蒼天航路』のように、曹操を主人公としたものもあるし、北方謙三版や宮城谷昌光版の『三国志』は、正史「三国志」をベースにして書かれている。このように、新たな角度からの「三国志」が今も生まれている。けっこう、奥が深いのだ。

だが、どんな「三国志」であれ、基本的な物語、主要登場人物は同じ。それが作家によってどう描き方が違うかを味わうのも、「三国志」の楽しみのひとつだ。

以後、本書では、区別する必要のあるときは、オリジナルの歴史書『三国志』を「正史」、小説『三国志演義』を「演義」と呼ぶことにする。

一方の『史記』だが、これには『三国志演義』にあたるような決定版の小説はない。

日本では多くの作家が『史記』に基づいて小説を書いているが、なにしろ二千年以上にわたる物語なので、全部を小説にするのではなく、一時代を切り取って、小説にする例が多い。「司馬遷に遼《はるか》に及ばざる」と謙遜した司馬遼太郎が書いた『項《こう》羽《う》と劉邦《りゅうほう》』もそういう一冊だ。

なお、『三国志』こそが、日本が「歴史」に初登場した記念すべき書物である。登場するのは「正史」の「魏志《ぎし》」。その最後のほうに「倭人伝《わじんでん》」という一節があり、そこに倭の国として邪馬台国《やまたいこく》と卑弥呼《ひみこ》が登場するのだ。時間的には、曹操や劉備の時代ではなく、もっと後。諸葛孔明が死んだ、さらに後の話である。つまり、曹操も劉備も孔明も、日本のことは知らずに死んだようだ。

海の向こうに大国があることを知っていた邪馬台国は、攻められたら困ると思い、魏に対し、反抗する意思がないことを知らせる必要に迫られた。こうして、卑弥呼の使節が、洛陽に向かったのである。西暦二三八年のことだ。

当時の中国人にとって、はっきりいって、日本はどうでもいい存在だったのだが、その国から使者がきたことをわざわざ記したのは、このように遠くの見知らぬ国にまで、魏帝国の威光はとどろいていた、ということをアピールしたかったからのようだ。だから、邪馬台国についての情報も、かなりいいかげんというか、あやふやだ。

そのおかげで、一七〇〇年たったいまになっても、邪馬台国はどこにあったかという論争が活発になっているのである。

▼▼▼5
『史記』『三国志』はどこがどう面白いのか

『史記』や『三国志』の人気の秘密は、ひとことでいえば、これが「闘いのドラマ」だからだ。どちらも、戦乱につぐ戦乱の時代を描いている。日本の戦国時代は数十年だが、中国の戦国時代は五〇〇年も続いた。

他の歴史物語であれば、悲恋があったり、女同士の争いがあったり、あるいは母と子のドラマとか、何らかのかたちで女性が主人公のエピソードもあるのだが、『三国志』は、ほぼ全篇にわたって、戦争の話。

その戦争も、ただ刀やヤリで斬ったり突いたりする肉弾戦だけではない。たしかに、とてつもなく強い武将も何人も登場し、その武力の凄まじさが魅力となる場面もある。だが、中国では太古の時代から、軍団を率いてどう戦うかという、集団戦の時代となっている。

さらに広大な大地に、いくつもの国が群雄割拠《ぐんゆうかっきょ》しているので、戦い始めたらなかなか終わらない。どうやって戦わないで平和を保つかという外交も重視される。その外交のなかには、調略や謀略、陰謀も含まれる。武力衝突の話だけなら戦闘物語で、それはそれで好きな人もいるだろうが、外交がもうひとつのテーマとなるので、現実のビジネスにも、なんとなく教訓となりそうな話が多い。

そこが、すでに刀で闘う時代でもなければ、個人ではなく組織で仕事をしている現代にも通じるので、おもしろいのだ。

一般に、大企業であれ中小・零細企業であれ、社長さんたちは、歴史ものが好きだ。自分自身が一国一城の主《あるじ》だという意識があるし、ライバル企業とのシェア争いに奮闘していたり、あるいは創業者であれば後継者をどうするかに悩んでいたりする。そんなとき、歴史小説を読むと、自分と似た境遇の人物が出てくるので、共鳴するわけだ（共鳴するぐらいならいいけれど、歴史小説を読んですっかりその気になって、俺は信長だ、などと言い出すと、社員はいい迷惑なのだが……）。

一方、サラリーマンにとっても、歴史ものは参考になる。社内の派閥抗争があったりすると、あの専務は家康的だから最後には社長になれるのではないか、あの常務はいずれ社長を裏切りそうだから光秀みたいだとか、歴史上の人物、出来事を参考にして、どの派閥に入ったらいいか考えることもあるだろう。

『史記』『三国志』も、社内の人事抗争を乗り切るための参考書として読めなくもないが、これはもう少しスケールが大きい。国と国との争いがテーマだから、企業間のシェア争い、新製品開発競争、あるいは、拡販の戦略などを立てる際に、参考になる要素がある。

『三国志』は、マスコミで、「○○業界三国志」という見出しをよくみかけるように、業界勢力図を表現するのには便利だ。経営戦略としても、攻めるか引くかなどの駆け引き、軍団をどう組織するか、相手を欺く方法など、ありとあらゆる戦略と戦術が、『史記』『三国志』には詰まっている。

6 そもそも「中国」とはどういう意味か

「中国史」にはさまざまな国や帝国が登場する。

日本史と異なるのが、国名である。日本はずっと「日本」である。しかし中国は時代によって、漢《かん》だったり唐《とう》だったりする。それでも、ずっと中国は中国なのか。『史記』と『三国志』の話に入る前に、「中国」という国名について簡単に説明しておこう。

こんにち、「中華人民共和国」という国家が存在するが、この国名を略して「中国」というわけではない。中国語の「中国」には「国の内側」という意味と、「中央の国」という意味がある。後者は、「世界の中心にある国」となり、これがこんにちまでつづく「中国」の意味だ。中国人は、大昔から自分たちの住む国のことを「中国」、つまり「世界の中心の国」と呼んでいたのである。

ただし、現在の中華人民共和国の領土とほぼ同じ地域を中国と呼ぶようになったのは、秦《しん》の始皇帝《しこうてい》の時代からで、それ以前の「中国」はもっと狭い範囲だった。『史記』の前半の時代は、夏《か》・殷《いん》・周《しゅう》の王朝が支配していた、いまの陝西省《せんせいしょう》、河南《かなん》省《しょう》、山東省《さんとうしょう》が当時の中国だったのである。その後、楚《そ》や呉《ご》、越《えつ》などの南部や北、東北部も中国に含まれるようになっていった。

なお、英語でチャイナ（China）というのは、秦がなまったものだ。

いまの中国全土のなかで、『史記』の時代に中国とされていた地域は、『三国志』

の時代には「中原《ちゅうげん》」と呼ばれる。最初は都のある洛陽《らくよう》を中心とした、黄河の中流のあたりのことだった。やがて、その範囲が広がり、黄河の下流、河北地方全体を指すようになっていく。

この地域は土地が農耕に適し、生産力が高かった。さらに水路があったので、それと陸路を合わせて、交通も便利だった。位置的にも中国全体の中心にあり、都を置くのに適した地域だったのである。この地を制すれば中国全体を支配することができた。

したがって、曹操《そうそう》、劉備《りゅうび》、孫権《そんけん》の勝負も、この中原を曹操が制した時点で、すでについていたといえる。劉備と諸葛孔明は、ある意味、無謀な戦いに挑み続けたわけだ。

「三国志」時代は都があちこちに移動したが、すべて中原と呼ばれる範囲のなかだった。最初の後漢王朝時代の都は洛陽。董卓《とうたく》が皇帝を連れて、無理矢理に都を遷したのが、長安《ちょうあん》。次に、曹操が都としたのが、許昌《きょしょう》だった。ここが後漢最後の都となる。曹操の死後、皇帝になった曹丕《そうひ》は、かつて都だった洛陽を魏帝国の首都としたが、その前に魏の首都だったのは、鄴都《ぎょうと》。これらはいずれも中原にあったのである。

▼▼▼7

なぜ同じ名前の王や皇帝が何人もいるのか

中国史には多くの王・公・皇帝が登場するが、同じ名の人物が何人も出てくる。これについて簡単に説明しておく。

日本の天皇も同じだが（というよりも、中国を真似したわけだが）、王や皇帝を歴史として語る場合は諡号《しごう》で呼ぶ。これは亡くなってから、臣下や子孫から贈られる名（諡《おくりな》ともいう）で、生前の業績やその人格を表している。

たとえば「武王」という名であれば、戦いに勝利して争乱を収めた、という意味だ（六九頁参照）。したがって、本書でも、たとえば「××年に武王は○○をした」というように書かれているが、その時点では、その王は武王という名だったわけではない。王や皇帝は自分たちが死後どう呼ばれるかは分からなかったのである。

これは日本の天皇も同じで、たとえば天武天皇も後醍醐天皇も、存命中はそう呼ばれたことはない。昭和天皇も、亡くなってから「昭和天皇」となったのであり、存命中は他に天皇はいないので、単に「天皇陛下」と呼べばよく、区別する必要があったときは「今上」と呼ばれた。

また元号も中国で始まったが、最初の元号は前漢の武帝の時代、紀元前一一五年頃に、武帝の統治の初年に遡って「建元《けんげん》」という元号が創始された。したがって、『史記』が扱う時代には元号はなく、王や皇帝が即位した年を元年（一年）とし、次の年を二年、三年…としていき、皇帝が交代したらまた元年から始めていた。

『三国志』の時代は元号がすでにあるが、煩雑《はんざつ》になるので本書は基本的には西暦で記していく。

中国では、元号が使われるようになると、皇帝の在位の途中でも改元されることが多くなった。ひとりの皇帝につきひとつの元号となり、その元号が諡号となる「一世一元の制」は明の時代に始まり、日本も明治以降はそうなった。

さて同じ名の王が中国史に何度も登場するのは、王朝ごとに、武王や文王がいるからだ。原則、ひとつの王朝で同じ名の王が二人いることはない。区別するために「〇（国の名）の△王」というように書くことが多い。

王や皇帝の名で多く出てくるものについて、その意味を説明しておく。

◆よい業績を残した王・公・皇帝に贈られる名の例

文　徳を広く天地にゆきわたらせた

武《ぶ》　戦いに勝って、争乱を治めた

穆《ぼく》　徳をしき、義をもって政治にあたった

桓《かん》　土地を拓き、遠くまで征服した

襄《じょう》　未開の土地を、徳をもって治めた

平《へい》　公平に無駄なく治めた

◆よくない業績を残した王・公・皇帝に贈られる名の例

哀《あい》　早くに孤児となり、夭逝《ようせい》した

幽《ゆう》　幼くして即位した

霊《れい》　好んで鬼神を祭った

厲《れい》　罪なき人を殺した

煬《よう》　天に逆らい、人民をしいたげた

▼▼▼8　古代中国では、誰が一番偉かったのか

春秋《しゅんじゅう》時代の身分制度では、いちばん偉いのは「天子」。その天子の座に就くのが周《しゅう》の歴代の「王」である。

だが、周の時代、王にはすでに実権はなく、各国を領有し支配している「諸侯《しょこう》」が政治の実権を握っていた。その数は約二〇〇あった。その諸侯の盟主ともいうべき存在が「覇者」だった。

覇者を決めるのは会議だった。

戦争で決めていたわけではないが、覇者となるのは軍事的にも経済的にも大国の君主だった。

諸侯は互いに闘って相手を滅ぼすとその領土を自分の領地として大きくなり、最後には秦《しん》の始皇帝《しこうてい》が統一した。始皇帝は「天子」ではなく「皇帝」という称号を決め、以後、漢も皇帝号を使い、ラストエンペラーこと清帝国の愛新覚羅溥儀《あいしんかくらふぎ》まで皇

帝が続く。

では、それぞれの国はどうなっていたのか。トップである国君《こっくん》は、公、あるいは王である。

周王朝の権威を認めている国のトップは「公」を名乗っていたが、本来の中国文化圏に属していなかった周辺の異民族国家の「楚《そ》」「呉《ご》」「越《えつ》」などの国は周の王に対抗して「王」と名乗っていた。やがて他の国も王を名乗るようになる。

それぞれの国には国君たる公や王の直轄地もあったが、ほとんどは小領主たちの領地だった。この小領主を「大夫《たいふ》」といい、そのなかで大臣となり国君に直接仕えている者を「卿《きょう》」と呼んだ。

卿と大夫は身分的には同じ貴族だが、卿のほうが官位としては上になる。農業技術の発達で新たに開墾された土地はほとんどが大夫の私有地で、この経済力を背景に力をつけてきたのだ。

大夫たちに仕えているのが、「士《し》」である。いまでいう公務員にあたり、所領地の領民たちの徴税や徴兵の任務にあたっていた。

▼▼▼9

「州」「郡」「県」はどういう関係だったか

日本にはないので実感がないのが、州。現代社会においても、アメリカやドイツなどは州制度を取り入れており、それぞれの州はかなり独立している。日本の県よりもはるかに独自色は強く、その上に、連邦政府というものがある。

中国も広大な土地があり、さまざまな民族が住んでいるので、統一王朝が支配するようになっても、州単位に行政が分けられていた。「三国志」の時代は、一三の州があった（途中から一四になる）。一三州のうちの一〇州を曹操が支配しており、後に魏帝国とし、孫権は揚州《ようしゅう》と交州《こうしゅう》の二つで呉帝国を建国、そして劉備は益州《えきしゅう》の一部を蜀帝国とした。この三つと接する中央に位置するのが荊州《けいしゅう》で、北が魏に、東が呉に、そして西が蜀となった。

その州がさらにいくつかの郡に分かれ、それがさらに県に分かれる。つまり、いまの日本だと○○県○○郡となるが、中国だと、○○郡○○県となる。

さて、州、郡、県には、それぞれの行政官がいた。

州の全権を握り支配・監督するのが、「牧《ぼく》」である。いまのアメリカの州知事みたいなものだが、もちろん、国民の選挙によって選ばれるのではなく、皇帝が任命した。

牧は後漢時代末期になってからの名称で、その以前は、「刺史《しし》」という役職名だった。刺史はもともとは監察官で、牧に比べて地位も低く給料も安い。というのは、最初は行政単位はあくまで郡で、州には行政府としての仕事はそんなになかったのだ。

郡の行政官が太守《たいしゅ》である。各郡に一人で、民生、軍事、司法をすべて担当していた。ひとつの州に八つ前後の郡があった。そして、さらにひとつの郡が十数の県に分かれている。その県の行政官は、大きな県が県令《けんれい》、小さな県が県長《けんちょう》という役職名だった。

ここで注意しておきたいのは、県令や県長は郡の太守の部下というわけではないことだ。皇帝直属なのである。そして、太守もまた州の牧の部下ではなく、皇帝直属だった。ピラミッド型のようでいてそうでないという、複雑な機構になっている。

したがって太守の仕事には、県令や県長が不正をしていないかを監督することも含まれていた。牧には、太守を監視する役目があった。もとは刺史という監察官だったことでも、それは分かる。

ところが監督するということは、悪いことをしているのを見逃す見返りに賄賂をもらうことを意味していたのが、当時の中国。上から下まで役人たちは腐敗していたのである。

10 なぜ宦官《かんがん》の制度ができたのか

中国独特の制度が宦官《かんがん》。つい最近の清の時代まであったもので、去勢《きょせい》した男のことをいう。

この制度は、古代にはギリシャやローマ、あるいはイスラム世界にもあったという。

後宮《こうきゅう》という皇帝の私生活の場、つまり、日本の江戸時代でいう大奥は男子禁制である。皇帝以外の男は入れないのが原則。なぜかというと、後宮にいる女性は后《きさき》はもちろん、その侍女たちも、すべて皇帝の愛人なのだ。したがって後宮の女性が妊娠した場合、生まれてくる子は、自動的にすべて皇帝の子となる。

ところが、そう原則どおりにいかないのが、男と女の関係である。男性の出入りが自由だと、皇帝以外の男性の子どもを妊娠する可能性もある。だが昔はＤＮＡ鑑定はもちろん血液型による判定もできなかったから、皇帝の子かどうか分からない子が生まれては困ったのだ。なにしろ、次の皇帝になる可能性があるわけだからだ。

そこで皇帝の血筋を守るためには、後宮で皇帝以外の男性の子が生まれないようにするしかなかった。となると皇帝以外の男は入れないようにするのが、最も確実な方法である。

とはいえ、後宮にも、男手は必要である。そこで、去勢することを条件にして、雇われたのが宦官なのだ。貧しい家庭に育ったものにとって、宦官になることは出世の道でもあった。失うものは、生殖器のみ。そのかわりに生涯にわたり、安定した暮らしが保証されたのだ。

だが、男としての楽しみと欲望を失った宦官たちは、権力欲や金銭欲ばかりが強くなった。

一方、生まれたときから宦官がまわりにいる皇帝の子どもたちは、やがて宦官なしでは何もできない人間になってしまう。成人して帝位に就いても、宦官の言いなりになってしまったのだ。それをいいことに、宦官は皇帝を操るようになっていった。

王朝が滅びるきっかけとなる無能な皇帝は、実は皇帝の血筋を守るための宦官制度が生んだともいえるのだ。

以上、基本の基本をアタマに入れていただいて、いよいよ『史記』と『三国志』の世界へご案内しよう。

第一部

『史記』の全貌

■『史記』の時代

三皇五帝の時代
夏
殷（前17c〜前11c）
周（前1046頃〜前256）
〈西周〉
〈東周〉
春秋戦国
（前770〜前221）
秦（前221〜前206）
前　漢
（前202〜後8）
新（8〜23）
後　漢
（25〜220）
三国時代
（220〜280）
西晋（265〜316）
東晋
（317〜420）
五胡十六国
（304〜439）
南北朝
（439〜589）

一章 『史記』伝説から歴史へ

『史記』に書かれている時間は、約二五〇〇年間。

その間に生まれ、栄え、滅びていった国や皇帝の歴史は一二巻の「本紀」に書かれている。ここでは大動乱の五〇〇年となる春秋戦国時代の前の時代を紹介しよう。一二ある「本紀」の最初の四巻にあたる部分だ。

神話めいた時代の帝から始まり、夏王朝、殷王朝、周王朝が誕生し、滅んでいくまでの一〇〇〇年以上の歴史だが、司馬遷の時代でも判明していることが少ないせいもあって、全体のなかでは短い。

ここには中国の王朝興亡史の原点がある。

1 五帝《ごてい》――ヴェールに包まれた実像

（本紀第一巻「五帝本紀」）

▼伝説の支配者たち

中国の伝説では、最初の支配者として「三皇《さんこう》」と呼ばれる三人がいるが、これはほとんど神話の世界。姿形《すがたかたち》も身体は蛇で頭が人間だったなど、とても「歴史」としては語れない。いまから五〇〇〇年くらい前の話で、司馬遷が生きた時代からでも三〇〇〇年近く前の話で、『史記』にはこの三皇についての記述はない。

『史記』の「本紀」第一巻は「五帝本紀」で、五帝とは、黄帝《こうてい》、顓頊《せんぎょく》、嚳《こく》、堯《ぎょう》、舜《しゅん》の五人。この五人は理想の帝王とされる。

中国においては太古の時代に理想的な統治者がいたことになっている。昔から、さらに「昔はよかった」ということなのだ。だが、実は、この五人も実在したかどうかは分からないのである。さらに「帝」というが、国家統治機構がすでにあったわけでもないので、後の皇帝と同一視もできない。

「皇帝」と名乗るのは秦《しん》の始皇帝《しこうてい》が最初で、それまでの中国の最高権力者は天子とか王と呼ばれた。

▼黄帝《こうてい》、顓頊《せんぎょく》、嚳《こく》――理想の時代の帝王たち

最初の帝が「黄帝」だ。中国といえば、黄河《こうが》。その名のとおり、川の水が土の色をしている。中国の大地もまた黄土だ。つまり、中国を象徴する色が黄色なのだ。

黄帝は、その名をもつ帝王である。

もとの姓は公孫《こうそん》、名は軒轅《けんえん》。生まれながらの神童で、生まれてすぐに言葉を話し、幼い頃から知恵がまわったという。軍事を学び戦いのうまさでは卓越していた。

当時の中国は炎帝神農氏の子孫が治めていたが、統治能力に欠けていたため、反逆する者が続出した。軒轅（後の黄帝）は神農氏にそむいた諸侯《しょこう》を次々と打ち破り、この乱世を治めた。

すると炎帝は軒轅が天子の座を狙っているのではないかと警戒し、諸侯のなかで暴虐な蚩尤《しゆう》に軒轅を倒させようとした。

こうして炎帝と軒轅《けんえん》との闘いが始まり、その主戦場となった地名から「阪泉《はんせん》の戦い」という。この戦いが中国史上最初の大きな戦いだ。

三回にわたる戦闘があり、軒轅は炎帝軍に勝利し、さらに蚩尤《しゆう》も倒した。その結果、軒轅は諸侯から推されて天子の座に就いた。神農氏は火の徳の神とされていたので、その後を継いだ黄帝は土の徳を体現する存在となる。

黄帝は戦いがうまかったので帝位に就いたわけだが、ただ武力に長けていただけではなかった。かなり神話に近い話になるが、養蚕《ようさん》、衣服、牛馬車、文字、音律、医学、水運なども、黄帝が創始者だという。

さらにいえば、後の、夏王朝、殷王朝、周王朝、そして統一を果たした秦の始皇帝までの全ての天子（皇帝）は、みな黄帝の子孫ということになっている。

二代目の顓頊《せんぎょく》は黄帝の孫にあたる。もの静かな性格で、奥ゆかしかったが、物事に広く通じ、知識が深かった。

その次の帝嚳《こく》は、黄帝の曾孫《ひまご》にあたる。この人物も黄帝のように生まれながらの神童で、生まれるとすぐに自分の名前をいったという。自らは利を求めず、賢くて遠い先のことまで見透した。このように二人とも、いわゆる聖人君子の代表である。

だが、実際にどのような業績を残したのかは、『史記』には記されていない。

▼堯《ぎょう》、舜《しゅん》――「禅譲」された政権

次の堯は嚳の子である。この人もまた理想的な人格者だった。これでもかというくらい、『史記』では誉めている。「その仁徳は天の如く、その知は神の如くで、人々は太陽を慕うように彼を慕い、雲を望むように彼を望んだ」そうだ。

堯は富はあっても驕らず、質素に暮らし、その治世は七〇年に及んだ。その功績のひとつが、一年を三六五日、一二ヶ月と定めたことだった。三年に一回閏《うるう》月を設けることも、決められた。

■伝説の五帝時代

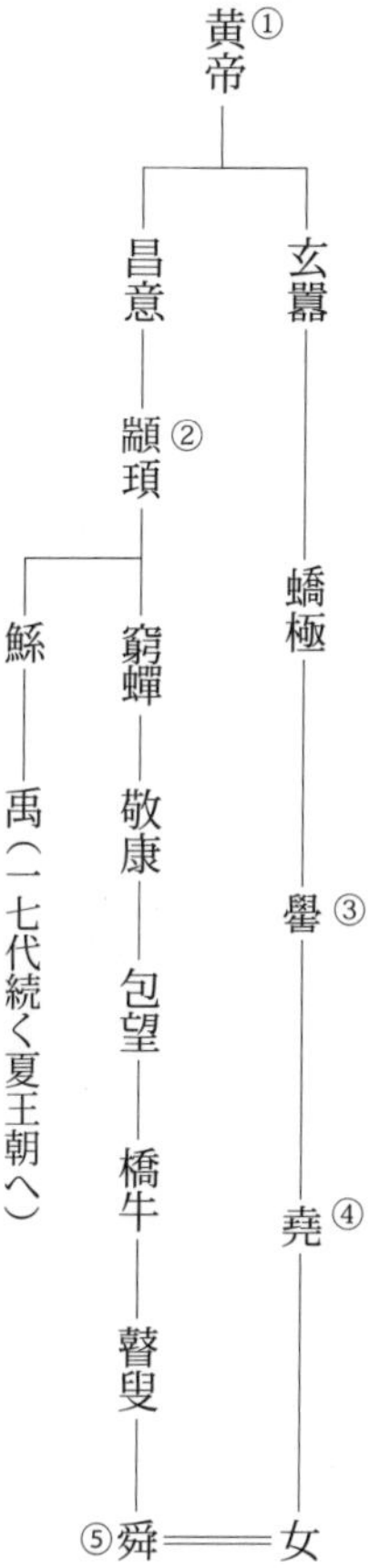

最後の舜《しゅん》は、堯の子ではない。堯は自分の息子のできがよくなかったのを知っていた。そこで堯は、民間に埋もれていた舜を見出して摂政に抜擢し、自分の娘と結婚させた。

舜は民間にいたとはいえ、顓頊《こうぎょく》の六世の孫にあたり、黄帝の子孫であることにはかわりはなかった。

舜は堯の代理を務め、実績をあげた。いったんは、堯の息子の丹朱《たんしゅ》が天子に即位したものの、諸侯の後押しで、舜が天子となったのである。

この五帝の時代、政権交代は、父から息子へという単純な世襲ではなかった。自分の子に継がせるのではなく、黄帝の子孫の中で有能な者が次の天子になる、という方法がとられており、この交代の仕方を「禅譲《ぜんじょう》」といい、理想的な政権交代だとされている。

さて、こうして五帝の時代は平和的に政権交代もおこなわれたわけだが、その次の、舜から禹《う》への政権交代もまた禅譲だった。中国史が血で血を洗うようになるのは、もう少し後のことのようだ。

▼▼▼2
夏《か》王朝――伝説の王朝は実在したのか

（本紀第二巻「夏本紀」）

▼幻の夏王朝

「本紀」第二巻は夏《か》王朝の歴史が描かれている。紀元前一九〇〇年、あるいは前二〇〇〇年前後から、一七代・四七一年間続いたとされる王朝だ。約四〇〇〇年も前の話である。

この夏王朝は遺跡が発見されていないので、考古学的には実在しなかったという説が有力だったが、最新の年代測定法である、炭素一四年代測定法によって、河南省の二里頭《にりとう》遺跡が夏王朝があったとされる時代のものとわかり、この遺跡が夏王朝かもしれないとされている。しかし、あくまで『史記』に書かれている夏王朝の時代にあった都市の遺跡と推定されるだけで、この遺跡が夏王朝のものだったという証拠は見つかっていない。

二里頭遺跡の場合、人口は二万人程度と推定されるので、王朝といっても、後の漢帝国などのように中国全土を支配していたものでないことは確かだ。

▼夏王朝の始まりは治水工事

夏王朝の最初の王である禹《う》が、五帝最後の舜《しゅん》から禅譲されたのは、治水事業の功績があったからだ。

夏王朝成立の話は五帝の四代目・堯《ぎょう》の時代にさかのぼる。

この時代、大洪水がよく起きたため、堯は家臣の鯀《こん》に、治水事業を担当させた。鯀は五帝の二代目・顓頊《せんぎょく》の子だったが、帝位に就けず、家臣として堯につかえていたのだ。堯はこの治水工事で鯀が実績をあげれば後継者にしてもいいと思っての起用だったらしい。だが九年にわたり工事をしたのに何も改善されない。

そこで堯は鯀を更迭し、舜を登用した。舜が着任すると、鯀がでたらめな工事をしていたことが判明し、鯀は処刑されてしまった。禹はこの鯀の息子で、父と異なり有能だった。禹は父の仕事を継ぎ、一三年かかったが、治水事業を完成させた。

中国は黄河と長江《ちょうこう》（揚子江《ようすこう》）という二つの大河が流れる国だ。その河が氾濫ししばしば大洪水になった。太古の中国人にとって、洪水を防いでくれる人こそが、最大の英雄だったのである。

禹の功績として、堤防《ていぼう》を作り激流を防いだり、河底を深く掘って流れを通し洪水を分散させたり、奔流《ほんりゅう》を海に導くようにした治水事業があげられているのは、そういう地理的背景がある。中国史には人間同士が戦う歴史の前に、自然との戦いがあり、それに勝利した者が最初の英雄になったともいえる。

禹は常に治水計画を練っていた。計画立案だけでなく、自らも工事現場で汗を流した。そのため全身がタコだらけで、白い肉がなくなり、膚《はだ》はすりきれ、体毛もはえていなかったという。

このように治水に力を注ぎ、人々の生活の基盤を安定させたので、禹の伝説は中国各地に残り、至るところに禹をまつる廟《びょう》があるという。しかし、これは逆に、治水工事に尽くした人があちこちにいたことを意味しているともいえる。全国各地にあった複数の人物のさまざまな功績が、禹一人のものにまとめられたとも考えられるのである。そもそも、禹を含む五帝についても、実在は確認されていない。

さて、実在したかどうかはともかくとして、禹は、治水のほか、稲作を民に教えたので食糧が安定的に生産できるようになった。さらに交通路を確立し、食糧などの流通も確立した。このように偉大な功績があったので、人々は彼を慕った。

帝の座は、堯から舜へと禅譲されて、さらに舜は禹に禅譲した。舜には子があったので、当初、禹は辞退したが、諸侯《しょこう》の要請もあって、王となり、国の名を「夏《か》の后《きみ》の国」とし、ここに、中国史上最初の王朝とされる、夏王朝が誕生した。

禹は自分の子を後継者とした。それまでの禅譲にかわり、「世襲」による政権交代が始まったのである。

だが禅譲といっても、これまでの五人は黄帝の子孫なので、直系相続ではなかっただけで、血統は続いている。夏王朝の始祖となった禹も黄帝の子孫である。

夏王朝は、その後、一七代まで四七一年間、続いた。夏王朝最後の王は桀《けつ》という。

夏の桀王は、『史記』によると、「徳に努めず、武力で百姓を傷つけ、百姓は苦しみに耐えかねていた」とある。かなり暴虐非道《ぼうぎゃくひどう》の王だったようだ。さらに、末喜《ばっき》という美女を寵愛《ちょうあい》し、肉欲に溺れ、彼女の言いなりになった。

そんな王には仕えることはできないと、諸侯は夏王朝に叛《そむ》くようになった。その代わりに、諸侯からの人望を得ていたのが、桀の家臣だった湯《とう》だった。

湯の祖先は、五帝のひとり嚳《こく》の子の契《せつ》で、一三代目にあたる。というと、系図がはっきりとしていてもっともらしいのだが、契の母は川で水遊びをしているときに、ツバメが産み落とした卵を呑んで妊娠したという伝説が残っており、このあたりはまだ神話・伝説と歴史とが分離されていない。残されている伝説のすべてが「事実」だったわけでもないようだ。

桀は湯が力をつけてきたので警戒し、捕らえて牢獄に入れた。だが、やがて釈放してしまう。

湯の声望が高く、殺したらただではすまない雰囲気になっていたと思われる。しかし桀にしてみれば、このときに湯を殺さなかったのが致命的な失敗であった。

釈放された湯のもとに諸侯が集ってきた。そこで湯はいよいよ挙兵した。

そのときの演説が『史記』には書かれている。要約すると、

「いま、桀を討伐するのは、反乱ではない。桀の罪があまりにも重いため、なんじらの声に応えて立つのだ。余は上帝（天、神のようなもののこと）を恐れるがゆえに、その意思に従う。夏氏に罪がある以上、その罪を正さなければならないのだ」

こうして湯は決起し、多くの人々がそれに従った。

闘いが始まると桀は敗走し、最後の決戦となったのが鳴条《めいじょう》の地。戦いに敗れて死ぬ間際、桀は湯を釈放したことを悔やんだという。

このように悪い天子を武力で倒すことを「放伐《ほうばつ》」という。

「忠臣」という思想からすると、家臣でありながら主人を討つのは「反逆」だから、本来ならば「悪」である。そこで、この放伐を正当化する理屈が考え出された。それが、「天命が革《あらた》まる」、すなわち「革命」であった。

主君は非道なことばかりしているので、天に見放され、すでに主君である資格を失っている、したがって、その主君を討つのは天の意思を代行する正義の行為なのだ、という考え方が生み出されたのだ。

「革命」という言葉は、もともとは中国の言葉だが、英語の「レボリューション」の訳語としての日本語の「革命」とは、意味が異なる。

フランス革命やロシア革命のように、王制を武力で倒すことを「レボリューション」というが、中国語の「革命」とは、「天命が革まる」という意味。具体的には「天の意思が変わり天子（皇帝）が交代させられる」という意味で、皇帝（王）制そのものを否定するものではない。

3 殷《いん》王朝——「革命」から始まった王朝の興亡

（本紀第三巻「殷本紀」）

▼夏から殷へ

「本紀」第三巻は殷《いん》王朝の歴史である。

いままでの世襲、禅譲とは異なり、革命によって成立した王朝だ。

湯《とう》は夏王朝の桀《けつ》を倒すと、新たな天子となった。この交代劇は、天子の姓が代わる、つまり別の一族が天子になることでもあり、これを易姓《えきせい》革命ともいう。以後、この易姓革命は、中国史において何度も繰り返されることになる。いわば、革命家第一号が湯王だった。

湯は夏王朝の桀王を倒し天子の座に就くと、国の名を「殷」とした。殷王朝の始まりである。これが、前一七〇〇年ごろのことと推定されている。

湯王のエピソードとしては、次のようなものがある。何年にもわたり旱魃《かんばつ》が続いた。湯王は、それを自分の罪だとして髪と爪を切り、さらには薪《まき》の上に乗って、自分を焼こうとした。つまり、人身御供《ひとみごくう》としたのである。

するとと大雨が降り、人々は餓えから救われたという。この時代、天変地異は王の責任とされていたのである。

▼殷の時代の記録

その後、殷王朝は湯の子孫が代々の天子として三〇代、六〇〇年にわたり続いた。その間に、栄えたり衰えたり、都を遷《うつ》すなどの出来事があったようだ。この時代にはすでに、いまの漢字の祖先ともいうべき、甲骨文字《こうこつもじ》という文字も存在していた。そのおかげで、特に後半については記録が残っている。

それによると、代々三〇人の王がいた。また、政治はすべて占いで決められていた。殷の王は占い師としての役割をもっていたのである。神の意思を占いによって知ることができる人が王だったのだ。

この時代の占いは次のような方法で行なった。亀の甲羅《こうら》や動物の骨に、占いたいことを書き、その裏に穴をあけ、炭火を当てる。熱で甲羅や骨にヒビが入る。その

■殷王朝系図

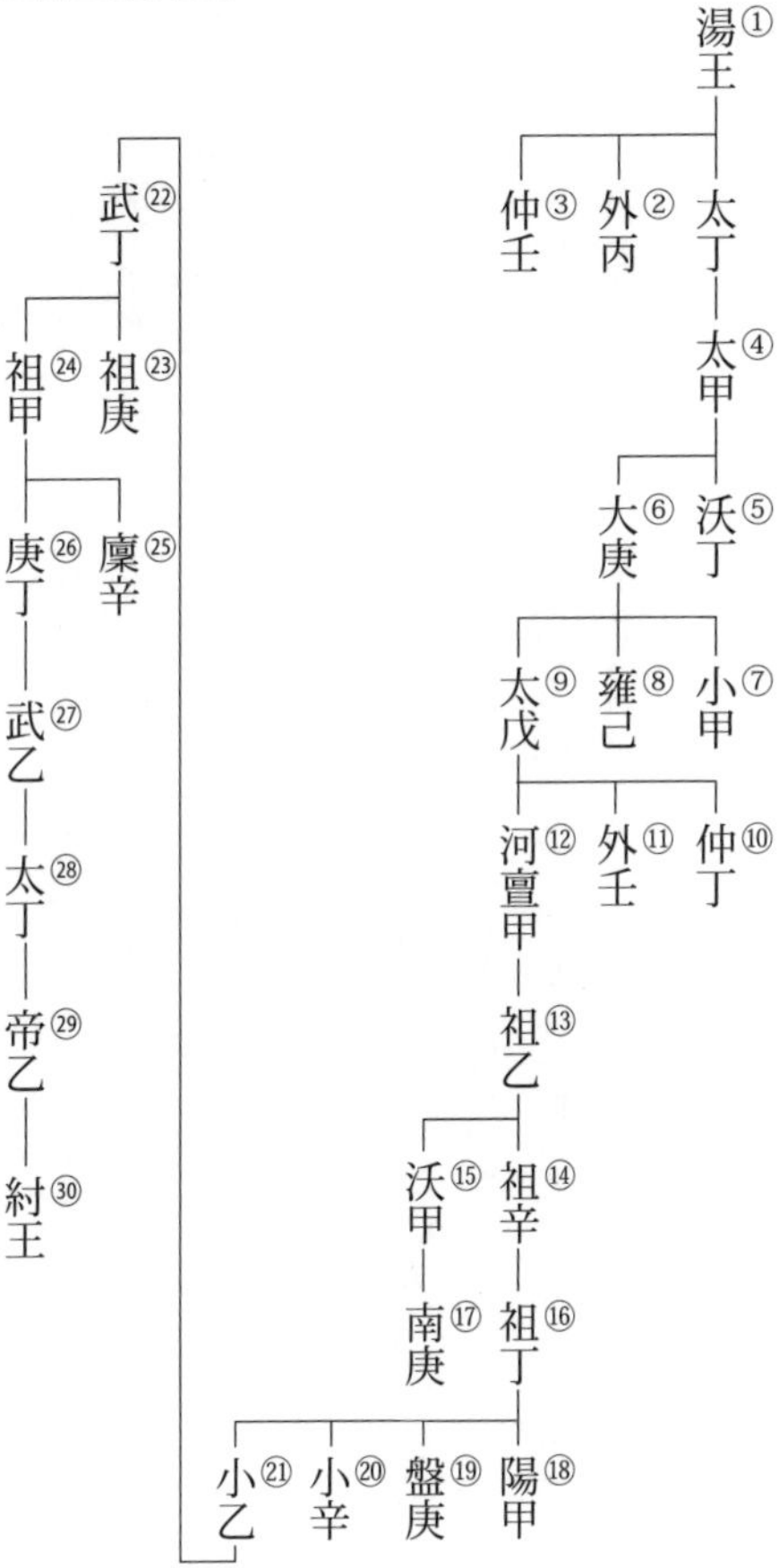
湯王①
太丁
外丙②
仲壬③
太甲④
沃丁⑤
大庚⑥
小甲⑦
雍己⑧
太戊⑨
仲丁⑩
外壬⑪
河亶甲⑫
祖乙⑬
祖辛⑭
沃甲⑮
祖丁⑯
南庚⑰
陽甲⑱
盤庚⑲
小辛⑳
小乙㉑
武丁㉒
祖庚㉓
祖甲㉔
廩辛㉕
庚丁㉖
武乙㉗
太丁㉘
帝乙㉙
紂王㉚

割れ具合を見て、天の意思を知るのである。王は、その割れ具合を解釈する立場にあった。

この時代の中国は、まだ中央集権的な統一国家はない。各地に国があり、その部族の長（諸侯《しょこう》）がそれぞれの領土を支配し、殷もそのひとつにすぎない。つまり、一種の連邦国家だった。そして、その首長たちのなかのトップに、歴代の殷の王が就いていた。

したがって、殷王朝が中国全土を直接支配していたわけではない。殷の王と、各地の部族の長の関係は主従関係というよりも、同盟関係に近い。いまの国際情勢にあてはめれば、殷はアメリカのような存在だったと思えばいい。

文明としては、この時代に青銅器が発明された。かなり優れた青銅器が発掘されており、高度な文明があったと推測されている。

▼殷最後の王

殷王朝も夏王朝と同じように実在したか疑問視されていたが、最近は実在したというのが定説となっている。

殷の最後の王は、紂《ちゅう》という。この名は諡《おくりな》で、死後に与えられた。「紂」は、いい意味の語ではない。その死後、あれはひどい王様だったというので、この名がつけられたのだ。

この紂の末路は、夏《か》の最後の王だった桀《けつ》とそっくりだ。

紂は生まれつき、頭がよかった。弁舌にもたけていた。それだけでなく、猛獣を素手で倒すほどの怪力の持ち主でもあった。家臣たちの誰よりも、知力、腕力とも優れていたのである。当然、下の者をばかにするようになり、誰のいうこともきかなくなった。暴君の典型例である。

この紂が寵愛《ちょうあい》した女性は、妲己《だつき》といった。彼女のいうことならば、なんでもきいてやった。

一方、庶民に対しては重税を課したので、恨みが蓄積していった。当然、人心は離れ、諸侯のなかに、ついていけないと離反していく者が現れ出した。重臣のなかには紂を諫《いさ》める者もいた。だが、紂はそれに耳を貸すどころか、その重臣たちを残忍な刑に処した。

この時代の刑として、炮烙《ほうらく》の刑がある。銅の柱に脂《あぶら》をぬり、それを横にして、その上を罪人に渡らせる。下から火を焚いているので、すべって落ちれば焼け死ぬ。紂の愛人の妲己がこの刑を見物するのが好きだったので、さかんに行なわれたという。

これだけ悪逆の限りを尽くせば、天命が革《あらた》まるのも当然だが、これは次の周《しゅう》王朝が、みずからが権力を奪取したことを正当化するために、実際以上に紂のことを悪く伝えたとも考えられる。

倒されたとき、紂は王に即位してから六四年目だったというからかなり高齢だ。それまでに、二回、大きな戦争を周辺の国としている。戦争は庶民にしてみればいい迷惑である。働き手を徴兵でとられ、殺され、税も高くなる。殷の人々も王を恨んでいたであろう。

そういう意味での不満は鬱積《うっせき》していたらしい。だが、いわれるほどの暴君であったかどうかは、不明だ。

ともあれ、そんなところに、西方で殷に対し挙兵する者が現れた。

▼▼▼4 周《しゅう》王朝——中国文明の基礎をつくった最長王朝の歴史

（本紀第四巻「周本紀」）

▼八百年続いた周王朝

「本紀」第四巻は周王朝の時代である。紀元前一〇四六年前後から前二五六年までと、八〇〇年近く続いた。紀元前七七一年に洛陽《らくよう》に都を移したことから、それ以前を「西周」、以後を「東周」という。そしてこの後半にあたる時代が「春秋戦国時代」と呼ばれる戦乱の時代で、周王朝は続いていたが、弱体化し、実権はほとんどなかった。

いまに続く中国文明はこの周の時代にできたとされている。

「周本紀」は周の歴代の王の伝記だが、この時代は、本紀以外の「列伝」「世家」で描かれた人物が大活躍するので、それらもあわせて、なるべく時系列に沿って記していこう。

▼それは殷王朝の滅亡から始まった

殷《いん》の次の王朝が周なのだが、周という国そのものは、殷の時代から存在していた。殷王朝末期、紂《ちゅう》王の時代に周の国の王だったのが、西伯昌《せいはくしょう》である。一五代目の王だった。姓は姫《き》、名は昌《しょう》。西伯というのは、「西の支配者」という意味だ。

西伯昌は、敬老精神に富み、幼少の者も大事に慈しんだ。賢者に対しても礼をつくした。彼は周の王であるとともに、中央政府である殷王朝の重臣のひとりでもあった。

殷王朝の要職は三公《さんこう》と言い、三人の重臣がそれに就いていた。そのひとり、九《きゅう》侯《こう》には美しい娘がいたので、紂王の妻となった。だが、彼女は紂の淫乱さについていけなかった。そのため、紂は彼女を殺し、さらには父である九侯まで殺した。ただ殺すだけではなく、その遺体を塩漬けにしたという。

三公のひとりだった鄂侯《がくこう》はこれに驚き、「そんなことをしてはなりません」と紂王を諫《いさ》めた。すると、彼もまた殺されてしまい、今度はその遺体は乾し肉にされてしまう。

三公で残ったのが、西伯昌である。彼は直接、紂王を諫めることはしなかったが、この事態を嘆いた。それを紂王に密告した者がいたため、西伯昌は捕えられ、投獄される。このままではやがて西伯昌も殺されてしまうのは必至である。昌の家臣たちは、紂に美しい女や珍しい宝を献上し、昌を釈放してくれと頼む。紂は気をよくして釈放した。

昌は西の地にある領地、周に戻り、そこで地盤を固めていった。もともと人望のある人物だったが、さらに徳行を続けた。

いつしか、その人望は周の外にまで聞こえるようになり、諸侯《しょこう》は争いごとが起きると、その裁定を西伯昌に頼むようになった。

こんなエピソードが残っている。虞《ぐ》と芮《ぜい》という二つの国の間にもめごとが起きたので、両国の王は裁定を求めに周に向かった。二人とも、自分が正しいと思っている。ところが、周の国に入ると、農民が何か言い合っている。畑の境界線の争いをしているようだ。

だが、よく聞いてみると、二人の農民は互いに土地を譲り合っていたのである。これを知り、二人の王は、自分たちが恥ずかしくなった。

「これでは、この国に恥をかきにきたようなものだ」

二人は自ら譲歩しあって和解し、国に帰った。

この話が各地に伝わり、西伯こそが天下の王たる天命を受けた者ではないか、という評判が広まった。

当然、その評判は殷王朝にまで届き、家臣は紂王に警戒するように言ったが、紂王は西伯の能力を侮《あなど》り、とりあわなかった。紂王は、そのころ、東方の国々への侵略戦争に夢中になっていたのである。

紂王の関心が東方に向かっている間に、西伯は西方の国を次々と討伐し支配下に置き、その勢力を拡大していた。その意味では、周も侵略戦争をしていたわけだが、殷の侵略が略奪を目的とし、侵略した土地の人々を奴隷としていったのに対し、周の侵略はあくまで領土の拡大にあった。侵略した土地で略奪をするのではなく、そこから年貢をとることを目的としていた。その意味では平和的な侵略だった。これは、周が農業立国であったためである。

こうして領土も拡大し、周は経済的にも豊かになっていった。だが、西伯昌はそれまで岐山《きざん》のふもとにあった都を豊邑《ほうゆう》に遷都《せんと》した翌年、病死してしまう。後継者は息子の発（後の武《ぶ》王）で、太公望《たいこうぼう》をはじめとする有能な家臣もいた。この時点で周の体制は磐石《ばんじゃく》なものとなっていたのである。

▼牧野《ぼくや》の戦い

発《はつ》（武《ぶ》王）には父の代からの軍師である太公望《たいこうぼう》と、弟の周公旦《しゅうこうたん》という二人のブレーンがいた。この二人の存在が大きいこともあって、武王は少し影が薄い。だが、この有能な二人をうまくつかいこなしたのだから、武王は、リーダーとしての器が大きい人物だったともいえる。

武王は父の後を継いで即位して九年目に、その父を葬った地に赴《おもむ》き、霊を祀った。そして、父の位牌《いはい》を司令官が座るべき場所に置いて、出陣した。つまり、この出兵は父の意思によるもので、自分だけが決めたものではないと示したのである。

軍師・太公望の指揮のもと、周軍は進軍した。

黄河《こうが》を渡ったとき、武王の乗る船に白い魚が飛び込んだ。武王はそれを捕えて神に捧げた。黄河を渡りきると、火の玉のようなものが飛んできて、武王の座所の近くにとまった。よくみると、赤いカラスだった。中国では王朝ごとに聖なる色を尊ぶという風習がある。白は殷《いん》の色だった。そして、周の色は赤。これは殷が滅びて周の時代になることの予言ではないのか。

周軍に参集してきた諸侯《しょこう》は、いまこそ紂《ちゅう》を討つときだと進言したが、武王は「天命はまだ殷を離れていない。早まるな」と言って、軍を引き揚げた。実は、このときは殷にまで進軍する予定はなかった。諸侯の動向をさぐるための出陣だったのだ。もっとも、思ったほど各地の部族の長が集まらなかったために、思いとどまったとの説もある。

そして二年——武王はふたたび挙兵し東に向かった。

決戦となったのは現在の河南省にある牧野《ぼくや》という地である。兵力では殷が圧倒的に優位だったものの、殷の兵士の多くは奴隷だったので忠誠心などない。それどころか、殷の紂王が負けることを望んでいたので、勝負はあっさりついた。紂は敗北を知ると王宮に火をかけ、財宝を身につけ、炎の中に身を投じた。哀れな最期だった。

武は牧野から殷の都、朝歌《ちょうか》に入り、翌日、殷の宮殿で即位の式典を挙げた。こうしてまたも天命は革《あらた》まり、周王朝が始まった。

この周《しゅう》王朝が始まったのは、前一一一一年から一〇二七年までのあいだとされている。学説によって約八〇年の開きがあるわけだ。

中国で元号が最初にできたのは漢《かん》時代後期のことで、それまでは、「武王が即位して二年」というようにして年を数えていた。したがってそれを足していけば、何年前だったかが分かるが、正確とは言い難い。「大乱」があったため、記録が紛失してしまい、はっきりしない部分があり、学説によって約八〇年もの開きが出てしまうのである。

ともあれ、今から三〇〇〇年から三一〇〇年ほど前に、周王朝は確立された。以後、その力は衰えはするが、春秋戦国《しゅんじゅうせんごく》時代を経て、前二五六年に秦《しん》に滅ぼされるまで、形式的には八〇〇年近く周王朝は継続する。中国最長の王朝といっていい。

▼封建制度と爵位

明治時代につくられた日本の爵位は、上から順に公爵《こうしゃく》、侯爵《こうしゃく》、伯爵《はくしゃく》、子爵《ししゃく》、男爵《だんしゃく》となるが、これは周の爵位を真似したものだ。なぜ周において爵位という制度ができたのか。殷との戦いで功績のあった者へ論功行賞《ろんこうこうしょう》として土地を与えたが、そのときに爵位も与えられたのである。

周の時代になっても、天子の地位は諸侯《しょこう》連合のトップにすぎない。中央集権的国家ではなく、地方分権だった。だが、殷《いん》の時代とは異なり、周王朝への忠誠の見返りに、諸侯に領土を与え、それぞれの領土は周の藩屏《はんぺい》（防衛の拠点）であるとした。これを、封建《ほうけん》制度という。

この場合の「封」とは「邦《くに》」という意味だ。つまり「邦を建てる」、建国という意味である。それぞれの領土においては領主に全権が与えられ、その地位は世襲とされた。いまの日本社会では、「封建的」という言葉は、前近代的で上下関係が重んじられ、個人の自由がないといった悪いイメージだが、そもそもは地方分権を明確にした画期的な制度だったのだ。

こうして、各地の領主たちには大きな権限が与えられ、その地位は世襲とされた。諸侯としては周に逆らわなければ地位は安泰で、自分の子孫に譲ることができた。周王朝としても、領主の地位を認めておけば自分に叛《そむ》かないわけだから、中央の権力は安定する。一種のギブ・アンド・テイクの関係が成り立ったのである。

だが、この地方分権政策により各諸侯に権力を与えたことが、後の春秋戦国時代の原因になる。

周のこうした制度を築いたのが、武《ぶ》王の弟にあたる、周公旦《しゅうこうたん》だった。武王の父、文《ぶん》王には、正妻が産んだ男子だけで一〇人もいて、旦はその四番目だった。旦はそのほか、礼制《れいせい》も確立した。これは日常的な礼儀も含む、秩序維持のための様々なきまりのことだ。

武王は太公望と弟の旦の助言のもとに戦後処理を見事におこなった。戦った諸侯には公平に論功行賞《ろんこうこうしょう》をし、紂王によって獄に入れられていた殷の臣下たちを釈放した。また殷が貯め込んでいた食糧は、貧しい人々にわけあたえた。功の大きな太公望には斉《せい》の国が与えられた。

旦は五帝の最初の帝である黄帝《こうてい》の子が都をかまえたという伝説のある、今の曲《きょく》阜《ふ》を与えられた。こうして旦は魯公《ろこう》となった。だが、旦はこの自分の領国には赴任せず、代わりに息子を赴かせ、自身は周の都に留まり、武王の補佐を続けた。

▼理想的ナンバーツー

周建国から二年後、武王が病に倒れた。旦は「わたしが身代わりになるから兄を助けてください」という祭文《さいぶん》を書き、父と祖父、そして曽祖父の霊に捧げた。そして読み終えて占いを立てさせると、吉と出た。

「王の禍《わざわ》いは去った。祖先の霊はつねにわが君を護ってくださっている」

旦は祭文を箱にしまい、厳重に鍵をかけた。そして関係者に祭文のことを口外しないように固く命じた。だがその後に武王はまた病に倒れ、その子でまだ幼い成《せい》が王となった。旦は成王の代理として摂政になり、政務を担《にな》った。

だが、政治の実権を旦が握ったため、それを快く思わない者も出た。その代表がほかの兄弟たちだった。ついに、管叔《かんしゅく》と蔡叔《さいしゅく》が、殷の紂《ちゅう》王の子の武庚《ぶこう》と結託し、東方の異民族を率いて叛旗《はんき》を翻《ひるがえ》した。旦は討伐に出て勝利し、管叔と武庚を殺し、蔡叔は辺境の地に追放した。殷の遺民たちがまとまっていると、いつまた反乱を起こすかわからないので分散することにし、こうして二年かけて東方を平定した。

旦が摂政となって七年が過ぎた。成王も成長したので旦は政治の大権を返還した。大政奉還である。日本史では徳川幕府から明治天皇への大政奉還が有名だが、そもそもはこのときの言葉だ。

旦は能力もあり人望も厚かったので望めば王の座に就けただろう。だが自らは権力を求めず、兄とその子に仕えたのである。彼が理想的ナンバーツーとされる由縁である。だが、これは後の世に理想化された像で、実際には一度は王位に就いたのではないかとの説もある。

成王に政権を奉還したにもかかわらず、「旦が王位を狙っている」と王に讒言《ざんげん》する者が多かった。最初は相手にしていなかった成だが、やがて叔父である旦を疑うようになった。

旦はこのまま中央にいては危ないと感じ、楚《そ》の国に逃れた。成王は旦が権力を狙っているという証拠をつかもうと、書庫にある記録を調べた。すると武王が病気になったときの祭文が見つかった。さらには成が幼いときに重病になった際にも、旦が祭文を書いていたこともわかった。成は旦に邪心のないことを確信し自らの不明を悔いると、旦を呼び戻し詫びた。

この話は、権力者はかならず猜疑心《さいぎしん》を抱くので、部下は自分の誠意を裏付ける証拠を作っておかなければならないという教訓でもある。

旦は政権中枢に復帰したが、やがて亡くなる。

成王は旦を文王の傍らに埋葬した。それは王としての扱いだった。成としての、旦を臣下として扱うことなどできないという意思表示だったのである。

▼周の凋落も女が原因

この周王朝転落のきっかけは、またも女だった。夏《か》最後の王・桀《けつ》、殷《いん》の最後の王・紂《ちゅう》と同様に、周の幽王にも愛人がいて、それが王位を失う原因となったのである。

幽王が即位したのは、前七八二年。武王から数えて一二代目である。その少し前にさかのぼると、第一〇代の厲《れい》王の時代、周王朝の権威はかなり落ちていた。封建諸侯《しょこう》は自分たちの領地を豊かにし、独立性を高めていた。

そこで厲王は権威を取り戻そうとして、強権的な搾取政策を実行した。当然、それは反感を買う。その結果、前八四一年には内乱が起き、厲王は亡命せざるをえなくなった。このときの大乱で多くの記録が失われ、それ以前の年数がわからなくなったようだ。

王がいなくなったため、周は二人の大臣が国政にあたることになり、これを「共和」と呼んだ。明治になってから西欧文明が日本に入った際に、英語でいうリパブリックの訳語に「共和制」という言葉をあてたのは、これに由来する。だが、「共和」については、共和という人が政治にあたったという説もある。

その二人の大臣は亡命した厲王の子が成長すると、八二八年に宣王《せんおう》として即位させそれを補佐した。宣王の時代は最初はうまくいっていたが、西の異民族との戦争で失敗するなど、だんだんに周は力を失った。そしてその子の幽王が即位する。

幽王の時代、属国の褒《ほう》が周に対して何か罪になることをしたらしい。その許しを請うため、褒は幽王に絶世の美女を献上した。それが、褒姒《ほうじ》だった。彼女はけっして笑顔をみせなかった。幽王はどうにかして彼女を笑わそうと、さまざまなことを試みたが、だめだった。そんなある日、烽火台《ほうかだい》の担当者が間違って狼煙《のろし》をあげてし

■周王朝系図

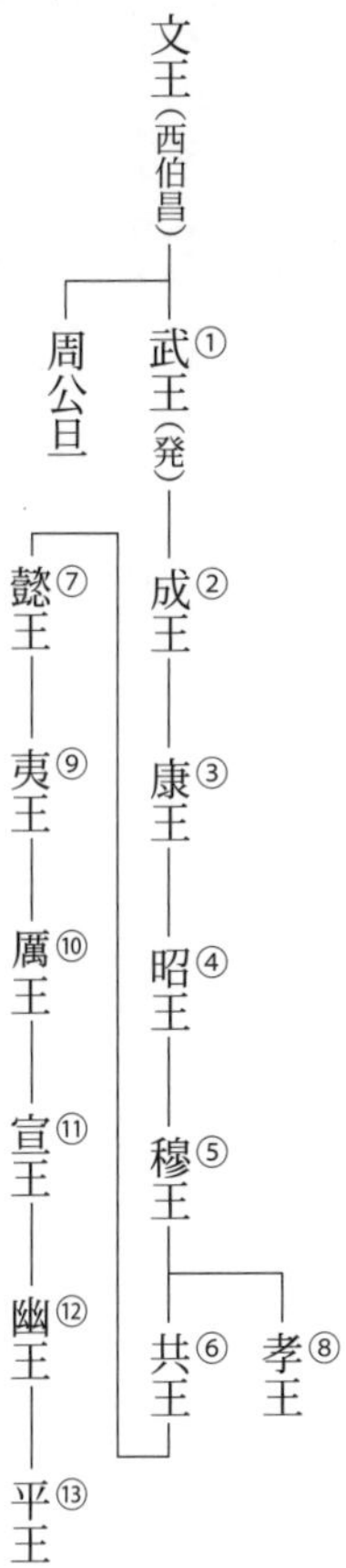

まった。これは外敵が攻めてきたという緊急警報であり、それを見た諸侯が王宮にかけつけた。ところが、間違いだとわかると、みな愕然とした。そのときの様子があまりにもおかしかったのか、褒姒はくすりと笑った。幽王はその笑顔を見て、あまりにも美しいので感激した。

だが、その後も褒姒は笑わない。そこで幽王はわざと狼煙をあげさせ、諸侯を呼び寄せ、また間違いだと言って愕然《がくぜん》とさせ、それを見せて彼女を笑わさせた。何度もそれをやったので諸侯はばかばかしくてやってられなくなり、狼煙があがっても誰も駆けつけなくなった。そこに、本当に反乱が起きた。

幽王には、申《しん》侯一族出身の正妻がいて、彼女の産んだ子、宜臼《ぎきゅう》が太子（第一王位継承者・皇太子のことだが、この時代は皇帝がまだいないので、太子という）として立てられていた。だが、褒姒が迎えられると正妻の座を追われ、さらに宜臼は太子の座を廃される。そして褒姒に子どもが生まれると、幽王はその子を太子にしてしまった。

そんな背景があり、申一族は幽王に対し大きな不満を抱いていた。そこで同じように不満を抱く諸侯とともに造反し、周に隷属していない異民族の犬戎《けんじゅう》と共闘して、反乱を起こしたのである。

狼煙があがっても、諸侯は「またか」と思い駆けつけない。幽王はあっさり殺されてしまった。褒姒は捕えられその子は殺された。都は犬戎族によって略奪された。

こうして周王朝はいったん、滅亡した。

だが、幽王の子の宜臼《ぎきゅう》がまだ生きていた。申侯によってかくまわれていたのである。諸侯は申侯のもとに参集し、宜臼を新たに王位に就けることで合意した。これが平王《へいおう》である。

前七七一年に平王は王に即位し、翌前七七〇年、それまでの西の豊邑《ほうゆう》にあった都を、東の洛邑《らくゆう》に遷都した。このことから、幽王までの周を西周《せいしゅう》といい、以後を東《とう》周《しゅう》というのである。

周はかろうじて名目上は存続することになった。そこが、夏や殷との違いではある。だがこれは、周に代わり天下を治める絶対的な権力者がいないことを意味していた。強い者が勝つ――乱世がやってくるのである。

二章

『史記』春秋戦国時代の覇者・英傑たち

幽王が殺された後、紀元前七七一年に平王が即位すると、中国の西の豊邑《ほうゆう》にあった都を、東の洛邑《らくゆう》に遷都し、周王朝はリセットされた。遷都以前を「西周」、以後を「東周」という。

しかし、東周時代の周《しゅう》王朝にもはや実権はなかった。封建諸国はそれぞれの力をつけていた。こうして迎えたのが、春秋《しゅんじゅう》時代である。

周の平王《へいおう》が即位した前七七〇年から、晋《しん》が韓《かん》・魏《ぎ》・趙《ちょう》の三国に分割されたのを周の威烈王が承認した前四〇三年までをいう。この時代を「春秋」と呼ぶのは、孔子《こうし》がこの時代の魯《ろ》国の歴史を記した年代記のタイトルが『春秋』だからである。

この時代の主役たちは「天子」になったわけではないので『史記』では「本紀」には含まれないが「世家」「列伝」に書かれている。そのなかから主要な人びとを、歴史の流れの順に紹介していこう。

1　春秋《しゅんじゅう》の五覇《ごは》――春秋時代の主役たち

▼「覇者」の役割

この春秋時代の主役は、「春秋《しゅんじゅう》の五覇《ごは》」と呼ばれる五人だ。斉《せい》の桓公《かんこう》、晋《しん》の文《ぶん》公《こう》、秦《しん》の繆公《ぼくこう》、宋《そう》の襄公《じょうこう》、そして楚《そ》の荘王《そうおう》である。だが、これには諸説あり、呉《ご》や越《えつ》の王を五覇にあげる学者もいる。

「覇者」はスポーツ用語として、リーグ戦や大きな大会での優勝者のことをいうが、中国史における「覇者」は、単に「強い者」、あるいは「実力者」という意味ではない。「覇者」とは、周王朝の王に代わって、諸侯《しょこう》たちの会盟を主宰するポストのことだった。

覇者の大きな役割としては、諸侯同士で争いが起きた場合は仲裁し、外敵が攻めてきた場合はそれを追い払う。いまでいう裁判官と軍の指導者の役割である。この

■春秋時代

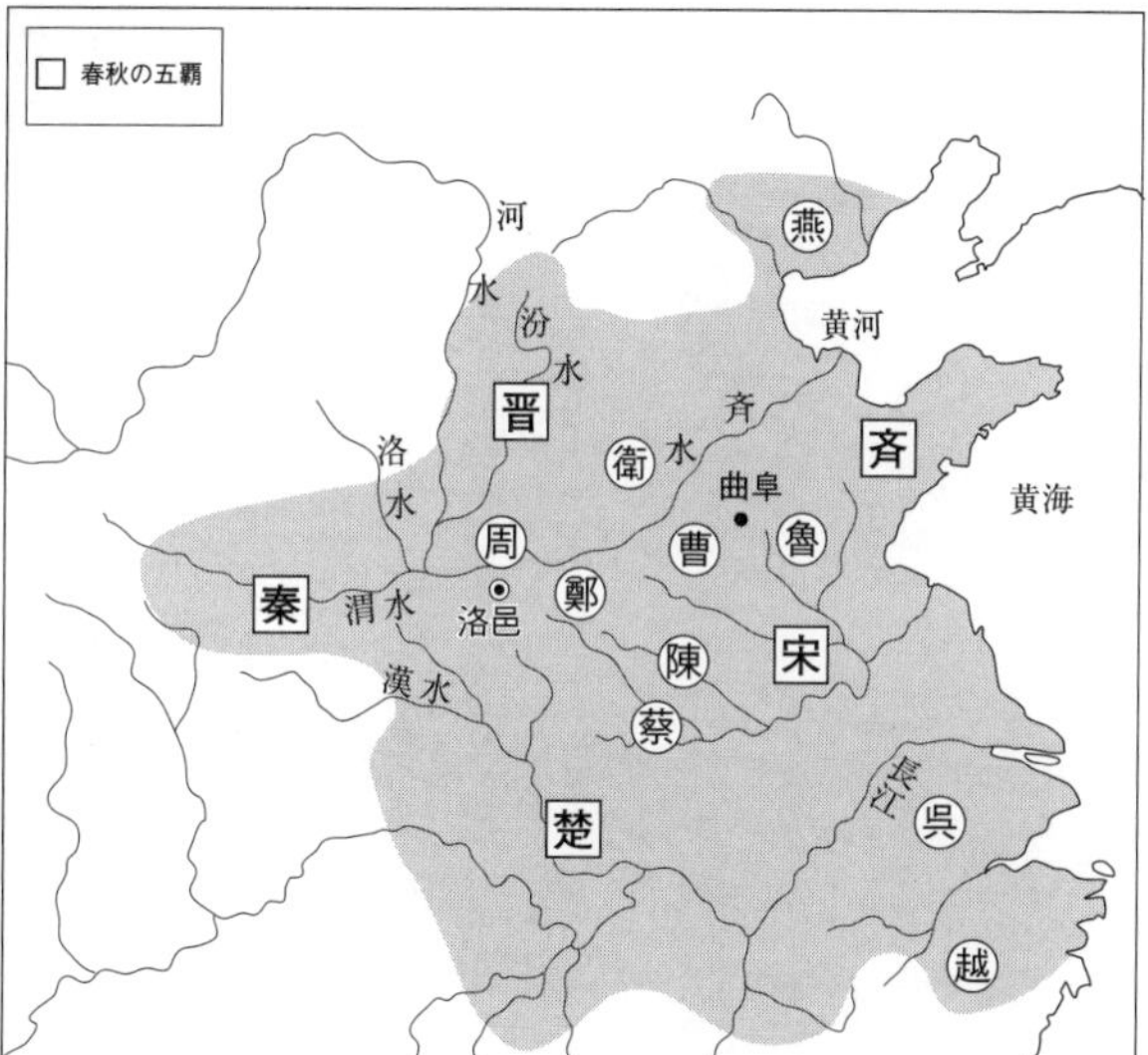

地位は世襲でもなければ、王が任命するものでもなかった。諸侯の合意のもとで決まったわけだが、基本的には他を武力で圧倒する者がなった。そのため、「強い者」という意味になったのである。

春秋時代前半は、各国の公が中央政権である周の王をないがしろにし、自らが覇者として天下に号令をかけていたが、後半になるとそれぞれの国の公もまた、その家臣である「卿《きょう》」や「大夫《たいふ》」（ふたつとも重臣の位のこと）に実権を奪われ、名目上の君子とされてしまう。下克上が第二段階に発展したのである。

2 斉《せい》の桓公《かんこう》――最初の覇者になるまでの兄弟間の熾烈な戦い

（世家第二巻「斉太公世家」、列伝第二巻「管晏列伝」）

▼斉《せい》「桓公《かん》」対　兄・糾《きゅう》

斉《せい》は太公望《たいこうぼう》という呼び名で知られる姜尚《きょうしょう》（呂尚《りょしょう》）が封ぜられた小国だった。現在の山東省にあたる。

その斉の一六代目の桓公《かんこう》（?~前六四三）が春秋時代のこの国のトップ、「公」である。

桓公の場合、斉の公家に生まれはしたが、簡単に公の座に就いたわけではなかった。桓公が斉の公になるまで兄弟間の血で血を洗う戦いがあった。

兄弟間の戦いなので、大規模な戦闘があったわけではなく、作戦や名場面はない。しかし、それなりに有名なエピソードがある。

一四代目の斉公、襄《じょう》は桓公の兄にあたる。襄公は女とみれば手当たりしだいに手をつける好色な男だった。さらに何人もの家臣が無実の罪で殺された。完全な暴君である。

襄公への不満は鬱積《うっせき》していた。そこで従兄弟の無知《むち》が機会をうかがい、ついに機を捉えて襄公を殺し、自ら公に就いた。一五代目である。だが、その一年後に無知も殺されてしまい、斉の公の座は空位となった。

襄公には二人の弟がいたのだが、兄とは違い、二人とも英才で将来が期待されていた。そのため、襄公のそばにいたのでは巻き添えになると考え、それぞれ亡命していたのである。

襄公の次弟「糾《きゅう》」は母の故郷である魯へ亡命した。糾に教育係として仕えていたのが管仲《かんちゅう》と召忽《しょうこつ》だった。管仲は「列伝」の第二巻に書かれている。

下の弟の「小白《しょうはく》」には、鮑叔《ほうしゅく》という教育係がついていた。そして管仲と鮑叔とは親友だった。襄公と無知の相次ぐ死によって、糾と小白に公の座が見えてきた。亡命先から先に戻ったほうが絶対的な優位に立つ。先に動いたのは小白だった。それを知った糾も魯を出発し、菅仲に一隊を預け、小白を待ち伏せさせた。この策は見事に決まった。管仲は小白の一行を見つけた。そして管仲が放った矢は、見事、小白に命中したのである。管仲は「小白死す」の知らせを魯に送った。これで安心だと糾の一行はのんびりと進んだ。

ところが、小白は死んだと見せかけただけで生きていたのである。射たれた矢は帯を留める金具に当たったのだ。糾がそれを知ったとき、すでに小白は斉に着いており、紀元前六八五年、新たな斉公に擁立《ようりつ》された。この小白こそが斉の一六代目の公、桓公である。

桓公は即位するとすぐに兵を挙げ、兄の糾を追討した。糾は亡命先の魯に逃げ込み、ここに斉と魯が戦うことになった。二度にわたる決戦の末、斉が勝った。桓公

は魯に対し、

「糾は兄弟なので、この手で殺すのはしのびない。そちらで始末してくれ。しかし、管仲と召忽はもともとは斉の人間であり、斉を裏切った者なので、こちらで処刑する。二人の身柄を渡してもらいたい」と求めた。

魯はやむをえず糾を殺した。召忽は自殺し管仲の身柄は斉に渡された。

桓公は管仲をなぶり殺しにし、塩漬けにするつもりでいた。ところが桓公の教育係だった鮑叔が、それをとめる。

「わが君が斉の君主であるだけに甘んじるのであれば、私がいれば十分でしょう。しかし、もし天下の覇者たらんとするのであれば、管仲こそが必要な人材でありま
す」

鮑叔と管仲とは親友だったので、その命を助けようとしたのだ。これをもって厚い友情のことを「管鮑《かんぽう》の交《まじ》わり」という。

実際、管仲は春秋時代を通して、最も有能な宰相と評価されるほど有能な人材だった。

このときの鮑叔の言葉は嘘ではなかった。一説によると、そもそも管仲の身柄引

渡しを要求したのも鮑叔の助言に従ってのことで、その時点で殺す気はなくなっていたともいう。魯に管仲を取られたくないがために、あえて、こちらで処刑すると言ったわけだ。

管仲という名宰相を得て、斉は国内の政治改革を断行し、経済的にも軍事的にも強くなっていく。桓公は即位から七年目、前六七二年に、諸侯《しょこう》が集って協力体制を確認する会議である「会盟《かいめい》」で、「覇者」と認められ、天下に号令するようになった。これが紀元前六七九年のことだった。

ここに、周《しゅう》王朝体制は、根本的に変化した。それまで、諸侯に号令をかけることができるのは周王しかいなかった。その実権が奪われたのである。

さらに、前六五一年の会盟には周王朝からも使者が派遣され、桓公のほうが周王よりも実力が上であることを、天下に知らしめた。

▼権力者の末路

桓公の即位から二三年目、異民族の山戎《さんじゅう》が、諸侯のひとつである燕《えん》に攻め入った。桓公は燕の支援要請を受けると、軍を率いてこれを追い払った。

異民族との戦いが終わると、燕の荘《そう》王（燕は辺境の地にあったので、独立色が強く、君主は「王」を名乗っていたが、実質的には「公」と同じ）は、桓公を見送った。そのとき、斉の国境を超えてまでついてきた。

この当時、「公（王）が国境を越えてまで見送るのは、天子に対するとき」というのが、正しい礼、つまりしきたりであった。諸侯同士の場合は自国の国境線で見送るというのが礼なのである。礼に反することを燕の荘王にさせてしまっては非礼になる。

そこで桓公は自分と荘王のあいだに溝を掘らせ、そこを新たな国境とした。つまり、斉の領土の一部を燕に割譲したのである。本来ならば助けてもらった燕のほうが領土を譲ってもおかしくないのに、その逆をしたというので、桓公の名声はますます高まった。

桓公にもはや敵はいなかった。そうなると、人間というもの、傲慢《ごうまん》になる。桓公は天子のみができる封禅《ほうぜん》の祭をとりおこなうと言い出した。管仲は「それはいかがなものか」と諫《いさ》め、懸命に説得してどうにか思いとどまらせた。

即位から四十一年目、管仲が病に倒れた。桓公は見舞いに行き、今後のことを相談した。

「そのほうに万一のことがあった場合、誰を宰相にしたらいいのだろうか」

桓公は自分が候補と考えている三人の名をあげた。管仲は三人ともふさわしくないと言った。しかし管仲が亡くなると、桓公はその忠告を無視し、その三人を登用した。管仲の人を見る目は正しかった。やがてこの三人は権力を欲しいままにする。

桓公には三人の夫人がいたが、彼女たちには子がなかった。その一方で六人の愛妾たちには子があり、男子だけで十人以上いた。そのうち後継者の資格を持つ公子は五人もいた。後継者争いが起きるのは間違いないが、管仲が生きている間は安定していた。しかし管仲の死後、にわかに混乱をきわめてきた。

前六四三年、即位して四三年目にしてついに桓公は病に倒れ、最期のときが近づいてきた。五人の公子たちはそれぞれの党をつくり、公然と跡目争いを始めた。やがてそれは武力闘争に発展し、斉は内乱状態になった。

管仲が生きていればこんなことにはならなかったであろう。

内乱状態になると、誰もが自分は誰についたら生き残れるかを考えるようになり、もはや、誰も病床の桓公のことなど眼中になかった。

一二月に桓公は亡くなったが、その死が伝えられても息子たちの抗争はやまず、桓公の遺体は放置された。桓公が埋葬されたのは、死後六七日目。その遺体にはウジがわいていたという。

五人の公子たちは順に斉公になった。しかし覇者にはなれなかった。桓公の次に、覇者となるのは、晋《しん》の文公である（九九頁参照）。

3 秦《しん》の繆公《ぼくこう》――「西戎《せいじゅう》の覇《は》」と呼ばれるようになるまで

（本紀第五巻「秦本紀」、世家第九巻「晋世家」）

▼秦「繆《ぼく》公」対　晋「恵《けい》公」

秦《しん》国は岐山《きざん》の西にある。周の幽《ゆう》王が殺された後、次の王位に就いた平《へい》王を助けた功績によって、前七七〇年に襄《じょう》公が封じられたのが始まりで、襄公から数えて九代目の繆《ぼく》公（?～前六二一）が春秋時代の公である。

繆公は晋《しん》の一九代目献《けん》公の娘を、夫人として迎えた。このことで晋との関係が深まり、晋で後継者争いが勃発したとき、繆公は最初は夷吾《いご》（恵公《けい》）を支援し、彼が晋国内でのクーデターを受けて帰国する際に兵を貸した。そのとき恵公は領地の一部を献上すると約束した。だが恵公は即位するとその約束を実行しなかった。

その後、晋は旱魃《かんばつ》が続き飢饉に見舞われ、秦へ食糧援助を求めてきた。繆公は恵公に裏切られたので最初は迷ったが、人民には罪がないと考え、援助した。

数年後、今度は秦が飢饉となったので晋に援助を求めた。だが晋の恵公はかつての恩を仇で返した。秦の危機に乗じて攻め入ってきたのである。これが韓原《かんげん》の戦いである。ときに、紀元前六四五年。

反撃に出た秦軍だったが、繆公が晋軍に捕らえられてしまう。それを助けたのが、三〇〇人の野人だった。彼らはかつて繆公の愛馬を食べてしまった罪で死刑になるところを、繆公の「君子は家畜のことで人間を傷つけたりはしないものだ」とのひとことで救われ無罪となった。その恩に報いるために救出作戦を展開したのである。

こうして繆公は助かり、秦軍の士気はあがり、ついに晋の恵公の生け捕りに成功する。

秦の政権内部は、二度も恩を仇で返した恵公を殺そうとの意見と、殺すと晋との全面戦争になるので、和平を結んだほうがいいとの意見に分かれた。

人格者である繆公は後者を選び、太子の圉《ぎょ》を人質として差し出すことを条件に恵公を釈放し、和平を結んだ。

ところが、恵公が病に倒れると圉は逃げ出し、父の死後、即位した。これが懐《かい》公だ。

さすがの繆公も、恵公とその子、懐公を許すことはできない。恵公の兄で亡命生活を余儀なくされ、楚《そ》にいた重耳《ちょうじ》(後の文《ぶん》公)のもとに使いを出し、懐公を討つのであれば兵を貸すと申し出た(九九頁参照)。

▼二人の名参謀

内政面でも繆公の評価は高い。賢者を求め、それを重用することでも有名だった。なかでも、百里奚《ひゃくりけい》と蹇叔《けんしゅく》は名参謀として名高い。

ところが、この二人の参謀の意見を無視し、繆公が遠征を強行したことがある。この進軍により晋の属国である滑《かつ》を滅ぼしたのはいいが、おかげで晋と戦うことになってしまう。

戦争は敗北で終わり、三人の将軍が捕虜となった。この三人は百里奚と蹇叔の子でもあった。そこで文公の夫人となっていた娘を通して、繆公は「三人はこちらで処刑したい」と引き渡しを求めた。晋の文公はこの申し出を受け入れ、三将軍を秦に返した。三人は処刑どころか、官爵もそのままでますます厚遇された。晋の文公は騙されたわけである。

後に秦と晋は再び戦い、この三人の将軍の活躍で秦は勝つ。そのときに繆公は言った。

「以前、負けたのは、余が百里奚と蹇叔の諫《いさ》めをきかなかったためである」

このように自分の過ちを認める繆公を人々は尊敬した。

さて秦の繆公は「春秋五覇」のひとりと数えられるが、正式に会盟で諸侯から覇者と認められたわけではない。さらにいえば、秦が支配したのは西域のみであり、中央の覇者となったわけでもない。それでも繆公が秦の最大の功労者であることは間違いない。

異民族の戎《じゅう》との戦いに勝利し、秦は領土を拡大し、一二の小国を併呑《へいどん》、「西戎《せいじゅう》の覇」と呼ばれるようになった。後に晋と楚が激突し、混乱する時代には秦は確固とした大国となっており、存在感を示すようになる。

やがて中国全土を支配する始皇帝の母国、秦。その礎《いしずえ》はこの時代に築かれたのである。

4 宋《そう》の襄公《じょうこう》――騙された公の評価をめぐって

(世家第八巻「宋微子世家」)

▼宋「襄《じょう》公」対 楚「成《せい》王」

宋《そう》は小さな国だが、地理的には中原の中心にあり、君主は殷《いん》の最後の王、紂《ちゅう》王の弟を初代とし、周《しゅう》王朝最高の爵位である公爵の位にあった。

襄《じょう》公(?～前六三七)は二〇代目である。殷の末裔であるというプライドがこの襄公の行動の基本にあった。

宋の一九代、桓《かん》公(斉の桓公とは別人)の太子は、茲甫《じほ》といった。桓公にはほかに側室の子、目夷《もくい》がいて、彼のほうが年上だった。桓公が病に倒れると、茲甫は兄の目夷に後継者の座を譲りたいと申し出た。遠慮したのである。だが桓公はこれを認めなかった。さらに目夷は「国を他人に譲るなど、これほどの仁は他にありません。これは臣にはできないこと。さらに、庶子《しょし》である私が立つのは順当ではありません」と言って辞退した。

こうして茲甫は桓公が没すると公になった。前六五一年のことで、これが襄公である。兄の目夷は宰相として襄公を支えた。

前六四三年、斉《せい》の桓《かん》公が亡くなった。後継者を巡り内乱状態となっていたが、宋の襄公は生前の桓公から太子の昭《しょう》の後見人を頼まれていたので、諸侯に呼びかけて斉に進軍し、昭を即位させた。キングメーカーとなったのである。それまで謙虚だった襄公は有頂天になり、斉の桓公がつとめていた覇者になるのは自分だと思い込む。

その四年後、襄公は諸侯に会盟を呼びかけた。そこで覇者になろうと考えたのである。だが、宋はあまりに小国だ。そこで大国である楚《そ》の後ろ盾を得ようと、同盟を求めた。宰相の目夷《もくい》は「小国の身で覇者になろうというのは禍《わざわい》のもとです」と諫《いさ》めたが、襄公はこれを無視した。

ときの楚の王は成王《せいおう》である。楚は黄河流域からはるか南にあり、中原の国々からは「蛮夷」、つまり野蛮な国だと下に見られていた。一方、楚も自分たちは中原の国々とは違う独自の文化を持つとのプライドがあり、周王朝に属してはいないとの意識から、君主は「公」ではなく「王」を名乗り、周の王と対等だとしていた。

前六三九年、宋の襄公の申し出が受入れられ、楚、陳《ちん》、蔡《さい》、鄭《てい》、許《きょ》、曹《そう》の六国と会盟をおこなうことになった。

ところがその襄公は覇者に推挙されるどころか、同盟を結んでいたはずの楚の成王に捕えられてしまう。楚は最初から弱小国の宋を覇者と認める気などなかったのだ。襄公はあまりにも世間知らず、いまでいう「おぼっちゃま」だった。

どうにか釈放されると襄公は逆恨みして、鄭に攻め入った。鄭は楚に援助を求める。待ってましたとばかりに、楚は宋への侵攻を開始した。宰相の目夷は勝ち目がないと諫めたが、襄公は迎え撃つことにした。

宋軍は泓水《おうすい》の河畔で楚軍を待ち受けることにした。予想どおり、楚の大軍が押し寄せ、川を渡り始めた。だが大軍なので全軍が渡り終えるまでにはかなりの時間がかかりそうだ。目夷は進言した。

「敵が渡り終える前に攻撃すべきです」

しかし襄公は攻撃を指示しない。そのうち楚軍は渡り終え、いよいよ陣を整えだした。目夷はまたも進言した。

「敵が陣容を整えている間に攻撃すべきです」

数の上で圧倒的に劣勢である宋軍が勝つには奇襲しかない。だが襄公は「敵の布陣が整うまで待つ」という。奇襲は卑怯だというわけだ。

「君子たるもの、ひとの苦境に乗じるものではない」

戦いが始まった。宋に勝ち目はなかった。襄公も股に傷を負い敗北した。

その翌年、この泓水での傷が原因で襄公は亡くなった。

「宋襄の仁」という格言がある。「意味のない情」や「時宜を得ない哀れみ」をあらわすときに使うが、この故事に由来する。

襄公が仁を貫いたことに対しては賛否両論ある。自らのプライドもあって仁を貫いたのかもしれないが、巻き添えをくらった兵士や国民にとってはたまったものではなかった。戦争において勝利を最優先する考えからすれば、あまりにも愚かである。

その一方で、礼儀の失われた世の中を憂え、宋の襄公の行動を評価する人もいる。司馬遷は襄公を好意的に書いている。

(世家第九巻「晋世家」)

5 晋《しん》の文公《ぶんこう》——覇権をめぐる戦いの顚末

▼晋「文《ぶん》公」対 楚「成《せい》王」

晋《しん》は周《しゅう》の初代、武《ぶ》王の子(二代・成《せい》王の弟)が封じられた国だ。つまり、周とはきわめて近い関係である。

それから一九代目の献公《けんこう》の時代に、春秋時代を迎えた。献公には八人の息子がいた。そのなかで英明であったのは申生《しんせい》、重耳《ちょうじ》、夷吾《いご》の三人で、中生が後継者である太子となっていた。だが、献公は驪姫《りき》という美女を溺愛《できあい》するようになり、彼女が奚斉《けいせい》という男の子を産んだことで後継者争いが勃発する。

その首謀者は驪姫だった。彼女は我が子・奚斉を後継者にさせたいがために大陰謀を企む。まず驪姫は献公の側近を買収し、要地には要人を配置すべきという理由をつけて、中生、重耳、夷吾の三人を辺境の地に赴任させた。三人を父である献公から遠ざけるためだった。これが陰謀の第一段階である。第二段階として買収した側近に、三人の悪口を献公に吹き込ませた。

ついに献公は奚斉を太子にした。だが驪姫の陰謀は終わらない。彼女は中生が献公に送ってきた供物の酒と肉に毒を入れた。そして、「中生が私たちを恨んで殺そうとしているに違いません」と献公に訴え、「このままでは殺されてしまいます。どうかわたしたち母子を他国に逃がすか、自殺させてください」と涙を流した。もちろん、演技だった。

この話を聞いた中生は、もはや自分の命運が尽きたことを悟り、自殺した。驪姫はさらに残りの二人も追い込む。中生が毒を盛ったことを重耳と夷吾も知っていたと、献公に讒言《ざんげん》するのである。

献公はまず重耳討伐の兵を挙げた。父の軍と戦わなければならなくなった重耳は、それを避けるために国を出た。亡命である。これが前六五五年、彼が四三歳のときのことだった。

前六五一年、献公は没した。驪姫の望みどおり奚斉が次の晋公になった。だが、すぐにクーデターが起き、奚斉は殺されてしまう。このクーデターの首謀者は重臣の里克《りこく》だった。里克は亡命して狄《てき》にいた重耳のもとに人を派遣し、晋公に就いて欲しいと求める。だが重耳は断った。

「私は父の命に背いて国を出た身ゆえ、ほかの者を立ててください」

こうしてその弟の夷吾が次の晋公になった。恵公《けいこう》である。ところが、恵公は即位するや、自分を引き立ててくれた里克を殺害。さらに亡命していたときに世話になった秦《しん》の国に対しても、領地を割譲する約束を破り、秦が飢饉となり食糧援助を求めてくると、ここぞとばかりに兵を出した。これでは人望は得られない。そんな恵公にとって、兄の重耳は自分を脅かす邪魔な存在だった。そこで、刺客《しかく》が放たれた。

▼長い亡命生活の末の即位

重耳は亡命先の狄に一二年いたが、刺客から逃れるために、妻子を残し斉《せい》に向かうことにした。そのころの斉は宰相の管仲が亡くなったばかりで、桓公が賢者を求めているという噂を聞いて、行ってみることにしたのである。こうして桓公と重耳は短い間ではあったが、親交をもった。桓公は一族の娘を重耳に嫁がせた。

その後も重耳の放浪は続く。斉にずっといることもできたが、それは亡命者として一生を終えることを意味した。いずれは復権することを目標としつつ、重耳は各国をめぐった。

次に行った曹《そう》では、トラブルが続出した。その次は宋《そう》へ向かい、ここでは歓待された。その次の鄭《てい》では冷遇され、最後の亡命の地となる楚《そ》に着いた。楚の国君・成《せい》王《おう》は（楚は当時は辺境の地で、周王朝から封じられたわけではないので、公ではなく王を名乗っていた）、楚を大国に成長させた名君だった。重耳は丁重なもてなしを受けた。それから数か月後、晋《しん》の情勢に変化が起きた。

当時、諸国はいまでいう安全保障条約を結ぶ際に、君主の一族の者を互いに人質として交換するならわしがあった。晋の恵《けい》公の公子である圉《ぎょ》は人質として秦《しん》にいた。ところが父・恵公が病に倒れるとの報を受けると、晋に帰ってしまった。圉は父の恵公が没すると、懐《かい》公として即位した。これは明かに信義に反する行為だった。

秦の繆《ぼく》公は、楚にいた重耳のもとに使者を送った。「晋に帰国し、圉を倒す意思があるのなら助けたい」として、まず楚から秦に来るように求めたものだった。重耳は楚の成王と相談した上で秦に向かった。

晋国内では恵公は人望がなかったし、その次の懐公を支持する者も少なく、重耳待望論が起こっていた。そこで重耳は秦の助けを得て、故国・晋に攻め入った。

すでに支持を失っていた懐公のために戦う者は少なく、勝負はあっさりとついて、懐公は殺された。こうして重耳は一九年ぶりに祖国に戻ることができ、二二代目として即位した。前六三六年、重耳こと文公、六二歳のときであった。

文公が即位したとき、晋の国力は低下していたので国の立て直しこそが急務だった。そこで文公は人事刷新を断行し、これまでの役人を解任し、新たに賢人を採用していった。

経済政策としては、貧困層を救済、さらに流通を改革し、庶民の生活を安定させた。

晋が立ち直ったころ、周王朝に危機が生じた。当時の周王は襄《じょう》王だった。その弟の帯《たい》が反乱を起こし、天子の座を奪ったのである。襄王が晋に助けを求めてきたので、文公は立ち上がった。そして帯を攻め落とし襄を王に復権させたのである。

▼晋がとった意外な作戦

そのころ楚はますます大国となり、許《きょ》、陳《ちん》、蔡《さい》といった小国を次々に征服し傘下に置き、さらに周王朝の領域に攻め入る勢いとなってきた。その脅威は現実のものとなり、楚は曹と衛《えい》と同盟を結び、まず宋に攻め入った。

宋からの救援要請を受けた文公は辛い決断を迫られた。楚は大恩のある国である。しかし宋にも恩があるし、周王朝も守らなければならない。

そこで、恩のある楚を直接討つのではなく、かつて冷遇された曹と衛を攻撃した。

楚の成王も文公率いる晋と戦うのは気が進まなかったが、側近の将軍子玉《しぎょく》が戦いを強く進言したため、ごく僅かの兵を将軍に与え出兵させた。

楚と晋の戦争が始まった。晋の文公が曹と衛に対し、楚との同盟を破棄すれば攻撃を止めると申し出ると、両国はこれに同意。楚との同盟は崩壊した。楚の子玉は激怒し、晋を追撃する。すると、文公は敵を前にして退却を命じた。なぜかと訊ねる軍師に文公はこう説明した。

「以前、楚の成王に礼遇を受けた際、返礼として、いつか戦うことになった場合、三日分だけ兵を退却させると約束したのだ」

自らを不利な状況に追い込んででも約束を守ったことで、文公の名声は上がった。

前六三二年、ついに晋・宋・斉・秦の連合軍と、楚との決戦のときがやってきた。晋軍は兵車七〇〇、子玉率いる楚軍はそれ以上の兵力である。ここに春秋時代最大の兵車戦といわれる城濮《じょうぼく》の戦いが始まった。

晋軍は上軍・中軍・下軍の三つに分かれ、一方の楚軍は左軍・中軍・右軍の三軍編成に陳軍、蔡軍が加わる。晋軍は一斉に攻撃に出た。

最初に陳軍、蔡軍があっさりと壊滅。楚軍の将軍・子玉にとって、これは予想どおりの展開だった。子玉は少しも動ぜず、左中右の三軍を並行して出撃、晋軍の上中下軍それぞれと激突。楚のほうが数で上回っていたので、晋の上軍と下軍は苦戦のすえ撤退、中軍だけが持ちこたえていた。

そこに楚の三軍が集中する。だが撤退したはずの晋の上軍と下軍は二手に分かれると、側面から楚軍を攻撃した。数では劣るが、兵の精鋭度と機動力は晋のほうが上で、楚の左右両軍は晋の攻撃に耐え切れず、瓦解《がかい》した。ついに、将軍・子玉は全軍を退却させざるをえなかった。敗北の責任をとって子玉は自殺した。

楚との決戦に勝利した晋の文公は、翌年（前六三二年）、鄭《てい》国の践土《せんど》に王宮を建て、そこに天子である周の襄王を招いて、会盟をおこなった。この場で、文公は襄王から正式に覇者と認められたのである。

だが六〇代半ばだった文公の余命は長くなく、三年後の前六二八年に亡くなった。

6 楚《そ》の荘王《そうおう》――優しさも見せる強権家の実像

（世家第一〇巻「楚世家」）

▼周の権威を疑った楚「荘王《そう》」

楚《そ》の成王《せい》の孫にあたるのが、二二代目の荘王《そう》（?〜前五九一）である。前六一三年に即位すると三年間、荘王は何もしないで遊んでいた。日夜、酒色にふけっていたのである。しかも、自分を諫《いさ》める者は死刑にするとのお触れまでだした。普通ならば、クーデターが起きてもおかしくない暗君である。荘王のドラマはここから始まる。

重臣のひとり伍挙《ごきょ》は、主君の荘王を諫めようと決意した。だが、ストレートに言えば死刑になるかもしれないので、謎をかけることにした。

「三年の間、丘の上で鳴きもしなければ飛びもしない鳥がいました。これは何という鳥でしょうか」

「鳴かず飛ばず」という言葉はこの故事に由来する。王は答えた。

「ひとたび飛べば天まで昇る。ひとたび鳴けばひとを驚かすだろう。伍挙よ、言いたいことは分かっておる。引き下がっておれ」

しかし、荘王の放蕩《ほうとう》ぶりはますますひどくなった。今度は蘇従《そじゅう》が立ち上がった。彼はズバリ、王を諫めた。

「そちは、諫めた者は死刑にするという触れを知らないのか」

「わが君の目がそれで覚めるのであれば、私は殺されてもかまいません」

実は、荘王は本当の忠臣は誰かを見極めようとして、わざと放蕩三昧の日々を過ごしていたのである。そのときから荘王は政務に身を入れるようになった。人事の刷新をはかり、伍挙と蘇従に国政全般を委ねた。

内政が落ち着くと、荘王は外に目を向けた。

まず前六〇九年に庸《よう》に侵攻し滅ぼした。翌年には宋《そう》に進軍し、兵車五〇〇を奪い取った。そして、ついに前六〇六年、異民族の戎《じゅう》を討った楚軍は、周王朝の都、洛《らく》陽《よう》に入る。武威を周《しゅう》王朝に示す目的であった。

ここで「鼎《かなえ》」というものが登場する。鼎とは食べ物を煮炊きするための金属の器で三本の足があり、二つの耳がついている。中国では、「九つの鼎」が、天子の権威を示すものだった。日本の三種の神器のようなものである。

その昔、夏《か》王朝のときに、帰服した諸国の長に命じて銅を貢がせて作らせたもので、夏王朝が滅びて殷に天命が移った際に、鼎も殷に渡され、殷が滅びると、所有権が周に移ったものだった。

洛陽に入った楚の荘王のもとに、周の定《てい》王は大夫《たいふ》の王孫満《おうそんまん》を遣わして労《ねぎら》った。その王孫満に向かって、荘王は聞いた。

「伝え聞く周の鼎の大きさと重さは、どれくらいのものなのであろうか」

これが「鼎の軽重《けいちょう》を問う」という言葉のもとになった故事である。この言葉は相手の権威と実力を疑うことを意味するが、このとき荘王は周王朝の権威と実力を疑ったわけである。

王孫満は答えた。「周はたしかに衰えているとはいえ、天命はまだ周にあります。したがって、鼎の軽重を問うことはできません」

この言葉を聞き、荘王は洛陽から帰国することにした。天命に逆らうことに畏《おそ》れを抱いたのであろう。

▼宋の都を包囲する

荘王はその後も積極的に侵攻を続けた。前五九九年、陳《ちん》でクーデターが起き、大夫が君主霊《れい》公を殺してしまったのだ。その無道を正すという名目で、荘王は挙兵し、陳に攻め入った。戦いに勝ち、荘王はいったんは陳を楚の一部とした。だが、それでは陳を乗っ取ったことになり、領土は得たかもしれないが、信義が通らない。「このようなことでは天下に号令することなどできません」という重臣の進言を聞いて、殺された霊公の太子を迎え、陳をもとに戻した。

翌年の春、楚は鄭《てい》を攻め、三ケ月にわたり包囲した。

ついに鄭の襄《じょう》公が恭順の意を示してきたので、和睦を結んだ。ところが、楚が鄭を支配下に置くと、黄河《こうが》の南での楚の力が絶大なものになるので、それを畏れた晋が鄭に援軍を送り、楚に戦いを挑んできた。楚はこれに応じて挙兵。黄河のほとりで、楚軍と晋軍は激突した。これが紀元前六〇六年の「邲《ひつ》の戦い」である。

この戦いに勝利したのは楚だった。晋は文公の時代に得た覇者としての地位を失い、中原の国々は楚に従うようになった。

その三年後、楚の荘王が斉《せい》へ送った使者が、途中の宋で殺害されるという事件が起きた。これに怒った荘王は宋を攻め都を包囲した。五ヶ月にわたる包囲戦で、宋は食糧が尽きた。人々は子どもを交換して食べて人骨を薪にするという事態に、ついに宋の将軍は城を出て、荘王に惨状を訴えた。荘王はその訴えを聞き入れ、兵を引き揚げた。楚軍の食糧も、もうほとんど残っていなかったのである。

このように荘王は侵略的で軍事力にものをいわせようとする強権的なところがある一方で、情に厚い心優しいところのある王だった。その情は家臣だけでなく、敵にも向けられたのである。

宋との戦いの三年後、荘王は亡くなった。その後も楚と晋の二大国が睨み合う時代がしばらく続くが、やがて主役の座は呉《ご》と越《えつ》という新興国に移る。

7 呉《ご》の闔閭王《こうりょおう》――呉越の死闘の始まり

(世家第一巻「呉太伯世家」)

▼呉王「闔閭《こうりょ》」対 楚「勾践《こうせん》」

呉《ご》と越《えつ》は長江《ちょうこう》下流の南にある。いわゆる中原からは離れているので、歴史の表舞台に出てくるのは、春秋時代も後半になってからだった。

晋《しん》と楚《そ》の二大国は前五四六年に停戦協定を結び、とりあえずの平和がやってくる。だが長江南で楚が勢いをつけるのを恐れた晋は、江東の呉をそそのかして楚に挑ませる。

これを受けて楚は呉の南にある越をそそのかし、呉の背後から攻撃させることにした。いわば、二大国の代理戦争のようなかたちで、呉越の戦いは始まったのである。

呉の二三代の王・僚《りょう》王の時代の後継者争いが呉越の戦いの発端といっていいだ

ろう。

そのとき次の王である公子の座にいたのは、光《こう》だった。二人の関係については、『春秋左氏伝《しゅんじゅうさしでん》』と『史記』とでは異なるのだが、いずれにしろ、叔父・甥の間で、王位を争っていたらしい。

そこに、楚から伍子胥《ごししょ》が亡命してきた。彼は楚の平《へい》王のもとで、その子の健《けん》の大《たい》傅《ふ》を努めていた伍奢《ごしゃ》の子だった。平王と健の父子の間に確執が生じ、伍奢とその息子たちはそれに巻き込まれた。伍子胥は亡命したが、父の伍奢と兄は楚の平王によって死に追い込まれた。彼は楚を憎み、復讐に燃え、呉にたどりついたのだ。前五二二年のことである。

伍子胥は僚王に謁見《えっけん》すると、楚を攻撃するよう説得した。だが、光がそれに反対する。その二人の様子を見て、伍子胥は光が王位の簒奪《さんだつ》を狙っていることを感じとり、光の味方をしてクーデターを起こさせ王位につければ、自分のいいなりになると考えた。

それから七年後の前五一五年、光は伍子胥の力を得て僚王を殺し、次の王に即位した。闔閭《こうりょ》王（?~前四九六）である。

伍子胥はいまでいう外交顧問に就任し、楚を攻撃する機会をうかがっていた。それから間もなくして、楚の平王が亡くなった。

しかし伍子胥は復讐を諦めない。闔閭が即位して九年目、ついに呉は楚を攻め、柏挙の戦いに勝ち、都「郢《えい》」を陥落させた。伍子胥は平王の墓を暴き、遺体を引きずり出すと、三〇〇回も鞭で打った。

一方、呉が楚へ遠征する隙を狙い、隣の越がしばしば国境を越えて侵攻してくるようになり、呉としては、越が目障りな存在となってきた。越の王・允常《いんじょう》が死に、勾践《こうせん》が後を継いだと知ると、呉はその混乱に乗じて越に攻め入った。ところが大敗を喫してしまい、闔閭は負傷し亡くなる。

死の間際、闔閭は息子の夫差《ふさ》を呼び、「越王勾践が仇《かたき》だ。恨みを忘れるな」と言った。

夫差は「三年以内に必ず仇を討ちます」と父に誓った。夫差は父の恨みを忘れないよう、寝床に薪を敷いた。その上で寝れば痛い。その痛みこそが恨みを忘れないことになる。これが「臥薪嘗胆《がしんしょうたん》」の「臥薪」である。

▼▼▼8 呉《ご》の夫差王《ふさおう》――覇者になれなかった王の最期

（世家第一巻「呉太伯世家」）

▼呉王「夫差《ふさ》」対　越王「勾践《こうせん》」

呉の夫差（?～前四七三）は三年も待つ必要はなかった。越が攻めてくる動きを見せたので、夫差はこの動きを察すると、先制攻撃を仕掛けた。越は奇襲を受け、敗北した。王・勾践は会稽山《かいけいざん》に逃げた。そして屈辱ではあるが、呉の大夫《たいふ》に賄賂を贈り、夫差に和議を申し入れるようとりなしを頼んだ。

戦いに勝ったことで気をよくしていた夫差は和議を受け入れ、勾践の命を助けることにした。伍子胥は自分の経験から、復讐心が根深いものだと理解していたので、勾践を生かしておくことには反対したが、夫差は聞き入れなかった。このころから夫差は父の代からの重臣である伍子胥をうるさく感じるようになっていたのである。

越は滅ぼされずにすみ、勾践は夫差に恭順《きょうじゅん》の意を表しつつも、復讐の機会をうかがっていた。だが夫差はもう越は敵ではないと思い込み、斉《せい》への侵攻を企てた。それに反対したのは、またしても伍子胥だった。「越を完全に討つべきだ」と伍子胥は進言した。だが夫差は斉に兵を出し、勝利した。

こうなると夫差はますます伍子胥を無視するようになる。そればかりか越に買収されていた家臣が伍子胥についての讒言《ざんげん》をすると、それを信じた。ついに夫差は伍子胥に自害するよう命じた。伍子胥は、「我が目をくりぬき、都の東門に乗せてくれ。越が攻めてきて呉が滅びるのを見届けてやろう」と言い捨て自害した。

伍子胥がいなくなると、あとはご機嫌をうかがう家臣しか残らず、夫差の独裁となった。

夫差は諸侯を集め会盟をおこない、覇者になると言い出した。だが会盟の地に向かっていた夫差のもとに、越が攻め入り都が陥落したとの報が入る。会盟は開いたものの、すでに諸侯《しょこう》の耳にも呉の都陥落の知らせは届いており、夫差は覇者にはなれなかった。

夫差は帰国した。宮殿は焼け落ち、太子も殺されていた。反撃の余力は軍事的にも経済的にも、そして夫差の気力としても残っていなかった。そこに越は追い討ちをかける。伍子胥の予言どおり越が東門から攻めてきたのだ。

▼自害に追い込まれた夫差

夫差は逃げた。そして、「会稽山を思い出してほしい。私はあなたを助けたではないか。今度は呉を助けてくれ」と勾践に和議を申し入れた。

勾践は和議を受け入れようかと考えたが、側近が「呉はかつて会稽山で天が与えた越を受け取らなかったので、こうなったのです。天は今度は越に呉を与えようとしているのですから、これを受け取らないのは、天命に逆らうことです」と進言した。

勾践はそれを聞き入れ、「呉は滅ぼすが、夫差の命は助けてやろう」と返答した。すると、夫差はいまさら越の王に仕えることもできないと、「伍子胥にあわせる顔がないので、死んだら顔を布でおおってくれ」と言い残し自害した。

前四七三年のことである。

9 晋《しん》の六卿《ろっけい》——新たなる戦乱はいかにして始まったか

（世家 第三巻「魯周公世家」、第九巻「晋世家」、第一三巻「趙世家」、第一四巻「魏世家」、第一五巻「韓世家」）

▼晋の六卿の争い

国君が「公」からその臣下だった卿にとってかわられる最初は、魯《ろ》だった。

魯の桓《かん》公は前七一二年から六九五年に在位していた公だが、その三人の公子を祖先とする三つの家があった。この三家は三桓《さんかん》と呼ばれ、世襲の卿として公に仕えていた。

だが三桓の卿たちは、しだいに力をつけてくると、公の意向を無視して独断専行で政治を行なった。

前五一八年、魯の昭《しょう》公は三桓の専横ぶりに憤り、ついに兵を起こして討伐に乗り出した。

ところが三桓は軍事力もつけていたので、昭公は返り討ちにあい、国から逃げ出すはめに陥った。

亡命先として昭公がたどりついたのは斉《せい》だった。昭公は斉の景《けい》公から軍を借りて魯に帰り、三桓を討つ気だった。だが、斉においても卿の田《でん》氏が実権を握り、景公はあてにならない。昭公は前五一四年、斉を出て晋《しん》に向かった。

晋は頃《けい》公が国君だった。しかし、ここでも卿の范献子《はんけんし》が実権を握っており、昭公は入国すら許可されなかった。

実は、范献子と三桓とは連絡をとりあっていたのである。各国の卿は公や王をないがしろにし実権を握ろうとしている点で利害が共通しており、連携するようになっていた。

晋に入国できなかった昭公は、魯にも戻れず、しかたなくまた斉に戻る。そして、前五一〇年、失意のうちに斉で客死した。

その斉も、紀元前四八一年、ときの国君である簡《かん》公が田氏の一党によるクーデターで殺されてしまうという事件が起きた。

こうして権力の継承が血縁とは関係なくなり、実力で奪い取るものになったのである。

▼晋の大抗争

大国である晋《しん》で「公」が名目だけの君主となり、臣下であった「卿《きょう》」が政治の実権を握るようになるのは、昭公《しょう》（在位、前五三二〜五二六年）の頃からだった。

当時、晋の卿は十数家あったのだが、そのなかで、韓《かん》、魏《ぎ》、趙《ちょう》、范《はん》、中行《ちゅうこう》、智《ち》の六氏がとりわけ強くなり、「晋の六卿」と呼ばれた。

そのなかで最初に実権を握ったのは范氏だった。

范宣子《はんせんし》はほかの卿を攻め滅ぼしていき、国政を牛耳った。その権力は息子の范献《はんけん》子《し》にも継承された。この范献子が魯《ろ》の昭公が亡命して入国を求めてきた際に断った卿である。

だが、范氏の権勢は三代で終わった。范照子《はんしょうし》は、中行氏と結託し、六卿のうちの韓、魏、趙氏を攻めた。前四九〇年のことである。

しかし、范氏と中行氏連合軍は三氏に完全に敗北した。没落して国内での権勢を失った范氏と中行氏は斉《せい》に亡命した。

残った四氏は范氏と中行氏の領地を分割しようと画策したが、ときの国君である出公《しゅっ》（在位、前四七五〜四五六年）がそれを許さない。出公は卿の専横をどうにかしたいと考えていたので、二家が滅り四家になったこの機会に一気に取り潰してしまおうと考え、斉と魯と密約を交わした。

ところがそれが露呈すると、四家は出公を追放してしまう。出公による逆クーデターは失敗した。かわって智氏によって哀《あい》公が擁立され、国君となった。もちろん、傀儡《かいらい》政権であり、実権は智氏が握った。

▼趙襄子《ちょうじょうし》の籠城作戦

智家の当主、智伯《ちはく》は晋を完全に手中におさめるために、残りの三家を滅ぼそうと考えた。まず趙家を滅ぼそうとして、魏氏と韓氏と同盟を組む。こうして、三者連合による趙氏攻撃が始まった。

趙家の当主、趙襄子《ちょうじょうし》は領地の晋陽《しんよう》に逃げ、籠城作戦をとった。三者連合軍は晋陽を包囲すると、水攻めを仕掛けた。

籠城は二年にわたり続いた。水浸しとなった城内では餓死するものが続出した。趙襄子は韓氏と魏氏に密使を送った。

「いまは三家が連合しているが、趙家が滅びた後は、智伯は韓家を滅ぼし、その次は魏家を滅ぼそうとするのは、明白ではないか。この際、連合して智家を討とう」と呼びかけたのである。

もっともだと思った、韓、魏は智を裏切り、趙と連携して、城の内外から智氏を討った。

こうして、晋の六卿は、韓、魏、趙の三卿となったのである。前四五三年のことだった。

前四三八年に哀公は没した。その後を継いだのは幽《ゆう》公だった。それまでは名目だけでも国君として、臣下の礼をとっていた三氏は、もうそれすらもしなくなり、幽公のほうから三氏の家に挨拶に出向いたという。

それでもこの時点では、名目だけは晋という国があり公がいた。だが紀元前四〇三年、名実ともに、晋が完全になくなる。

周《しゅう》の威烈王《いれつおう》は、韓、魏、趙の三氏をそれぞれ諸侯に封じたのである。このときをもって春秋時代が終わり、戦国時代になるというのが、一般的な学説である。

こうして、新しい時代が始まる。

10

戦国の七雄《しちゆう》――戦国時代の主役は誰か

▼秦が大国になる歴史

日本史で室町時代末期から徳川幕府ができるまでを特に「戦国時代」と呼ぶように、中国史においては、前四〇三年の晋《しん》の分裂から、前二二一年の秦《しん》による中国統一までを、「戦国時代」と呼ぶ（どこで区分するかについては、諸説ある）。主役となるのは、秦、楚《そ》、斉《せい》、燕《えん》、趙《ちょう》、魏《ぎ》、韓《かん》の七国。これを「戦国の七雄」という。

周《しゅう》王朝が始まった当初、国は二〇〇〜二五〇前後あった。春秋時代、周の王室によって封じられた各国の国君は、それぞれ、爵位である公爵、侯爵、伯爵、子爵、男爵を名乗り、もともと周の支配下になかった江南の楚《そ》、呉《ご》、越《えつ》などのみが、勝手に王を名乗っていた。

■戦国時代

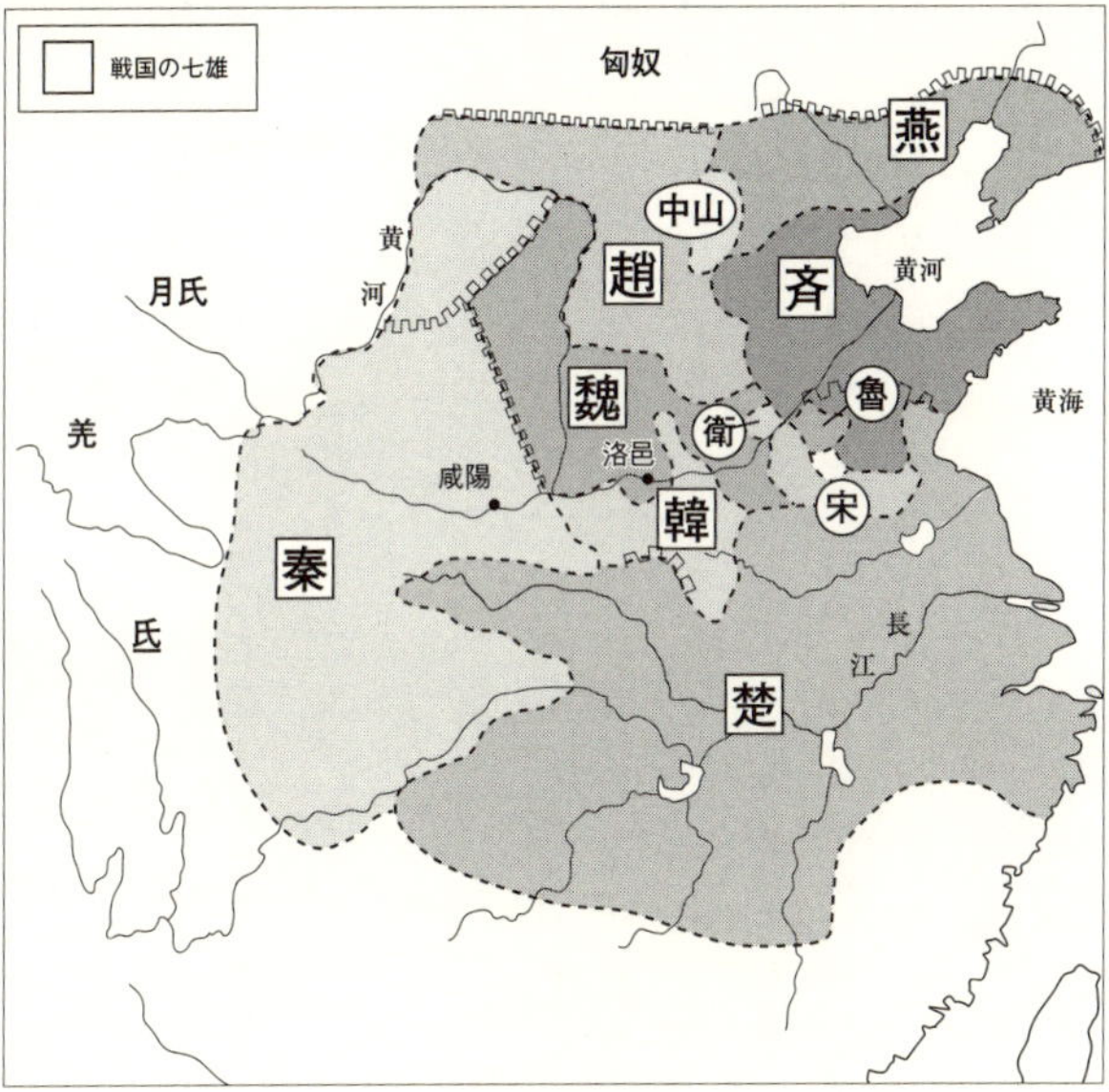

ところが、戦国時代に入ると、これまで周に遠慮して「王」と名乗っていなかった各国の君主たちも、王を名乗るようになった。つまり、それぞれの国はそれぞれ完全に独立国となったわけである。

それらは最初は都市国家であり、いわば点のような存在だった。だが、強い国が周辺の都市を次々と征服し自らの支配下に置いていき、点は面になり、都市国家から領土国家へと移行した。

春秋時代が終わるころには、かつて二〇〇以上あった国は、七つの大国に収斂《しゅうれん》されていた。それがさらに秦ひとつになったことで、戦国時代は終わる。

つまり、戦国時代の歴史は、秦が大国になっていく歴史でもあるので、『史記』では「本紀」第五巻「秦本紀」と重なる。

「秦本紀」は秦から見た歴史で、秦に敗れた他の六国は脇役となる。一方、六国それぞれを主人公とした歴史も「世家」や「列伝」として書かれているのである。両方を読んで初めて、全貌が分かるのだ。

11 「桂陵《けいりょう》の戦い」「馬陵《ばりょう》の戦い」——軍師たちの戦いの結末

（世家第一六巻「田敬仲完世家」）

▼斉と魏の対立の経緯

斉《せい》は太公望《たいこうぼう》の子孫が歴代の公となっていたが、康《こう》公の時代にクーデターにより、もともとは陳《ちん》の公子だった田和《でんか》にとってかわられた。これが前三九一年のことで、前三八八年に康公は海辺に幽閉されてしまう。

三八六年に田和は正式に諸侯に列せられ、前三七九年に康公が亡くなると、斉の領地は太公望の家系から田氏のものとなった。しかし国名は変わらなかったので、以後の斉をそれ以前と区別するため「田斉《でんせい》」と呼ぶこともある。

田斉となってからの四代目の王が、威《い》王である。即位したのは、前三五六年で前三二〇年に亡くなるまで王の座にあった（前三七九〜三四三年に在位という説もある）。

威王は、宰相の鄒忌《すうき》、軍師の孫臏《そんぴん》といったブレーンに恵まれ、富国強兵に成功。前三五三年と前三四一年には魏と戦って勝ち、強国となる。

戦国時代前半における斉の最も重要かつ有名な人物は威王ではなく、その軍師にして宰相ともなる孫臏である。

孫臏は「孫氏の兵法」を書いたとされる孫武《そんぶ》の子孫で、斉で生まれた。兵学の才能にあふれ、順調に出世すると思われたが、孫臏の才能を妬む者がいた。同輩の龐《ほう》涓《けん》である。

龐涓は魏の将軍になっていたが、いずれ孫臏に倒されるのではないかと恐れ、仕官を世話すると騙して魏に呼び寄せた。そして、龐涓が孫臏を冤罪に陥れたため、両足切断の刑に処せられてしまう。孫臏はこのままではいずれ命もなくなると脱出の機会をうかがい、斉の使者が魏を訪れた際に面会を求め、故国の斉に戻ることができた。

斉ではまずは田忌《でんき》将軍の賓客として遇され、その田忌の引き立てにより威王の面識も得て、参謀となったのである。

前三五三年、魏と趙《ちょう》との間で戦争が起きた。もとは晋《しん》だった二国だが強国となった魏が趙に侵攻したのである。趙は斉に助けを求め、斉はこれに応じた。ここに斉と魏の戦争になった。田忌将軍はすぐに攻めようとしたが、孫臏は魏が趙との戦いで疲弊するのを待って攻めるべきだと進言、田忌はこれを受け入れた。そして、「桂《けい》陵《りょう》の戦い」で斉は勝利する。

しかし、斉が魏に勝った桂陵の戦いの一二年後の紀元前三四一年、今度は魏と趙が手を結び、韓《かん》を攻めた。

斉は韓からの救援要請を受けたので、またも出兵することにした。孫臏の作戦により、韓に向かうのではなく魏に向かった。

その際、孫臏は敵の龐涓を計略にはめるため、わざと、一日ごとに宿営地の竈《かまど》の数を減らすように指示した。斉軍の兵士の数がどんどん減っているように見せかけたのである。魏はこれにひっかかり、斉軍を甘くみたため、「馬《ば》陵《りょう》の戦い」で大敗を喫し、龐涓は自害した

魏が負けたのを知ると、秦の宰相・商鞅は謀略を仕掛けて魏軍を陥れ、勝利した。実は商鞅は魏に恨みがあったのだ。それについては、次の項に記す。

12 秦《しん》の宰相《さいしょう》・商鞅《しょうおう》——いかにして復讐を果たしたか

（列伝第八巻「商君列伝」）

▼魏対秦

秦《しん》の孝公に仕え、宰相となったのが、商鞅《しょうおう》（?〜前三三八）である。

商鞅は衛《えい》国の公子として生まれたが、最初は魏《ぎ》に宰相の陪臣として仕えた。しかし、魏の恵《けい》王が彼の能力を認めなかったので、ここでは出世できないと見越し、秦に向かった。即位したばかりでまだ二一歳と若い孝公が、広く人材を求めていると知ったからだ。

商鞅は三年かけて改革案を作成した。まず、五人組制度による連座制をつくり犯罪を防止した。

商業よりも農業を重視する経済政策をとり、生産量の増大をはかった。世襲貴族の特権を制限し、軍功を重視した爵位制度に改革した。これにより、実力のある者が出世する社会になった。

こうした改革のことを中国では「変法」という。

当然、既得権を持つ者からの反発は大きかったが、孝公の全面的な支援があったので実行できた。国民も役人も法律を守ることが厳格に求められ、それは王の一族に対しても同じだった。

太子が罪を犯しても例外は許されないとして、太子の守り役と教育係が処罰を受けた。人々は商鞅の公平さを称えるとともに、恐れもした。

さらに改革路線は進み、徴兵制と徴税制の導入、そして度量衡《どりょうこう》の単位の統一がおこなわれた。遷都《せんと》もおこない、国内を四一の県に分ける行政改革もおこなった。これまでは世襲貴族が領主として管理していたのを、官僚が管理する地方行政組織に改革したのである。未開拓地は開放され、農地の私有権が与えられ、開拓を促進させた。

紀元前三四一年、馬陵の戦いで魏が大敗したのを知ると、商鞅は謀略を仕掛けて魏軍を陥れ、勝利した。かつて自分の能力を見くびった魏への復讐を果たしたのである。

前三三九年には、商鞅の権力は絶大なものとなり、秦の一部である商の地を授かり、諸侯並《しょこう》の地位を得た。

だが、前三三六年に孝公が亡くなると、一気にその反動がやってくる。後継の恵《けい》文《ぶん》王はかつて太子時代に自分の教育係などが処罰されたことで、商鞅を恨んでいた。商鞅は謀略にひっかかり、追われる身となり逃げた。

ある関所にたどり着き、宿に泊めてもらおうとすると、「法律で旅券のない者は泊められないことになっています」と断られる。皮肉にも、それはかつて自分が作った法律だった。

商鞅はどうにか魏に亡命するが、かつて敗戦に負い込んだ彼を魏が許すはずがなく、秦に送り返されてしまい、自分の領国である商に逃げ、兵を挙げて秦と戦おうと企てる。

しかし、この反乱も秦の大軍の前に勝てるはずがなく、敗北した。

商鞅は処刑された後、その遺体は車で引き裂かれたという。いかに彼の改革路線が恨まれていたかという証拠でもある。

恵文王は商鞅個人は恨んだが、その改革路線は継承した。

13 蘇秦《そしん》と張儀《ちょうぎ》――縦横家が説く合従・連衡とは？

（列伝第九巻「蘇秦列伝」、第一〇巻「張儀列伝」）

▼秦《しん》対楚《そ》、韓《かん》、趙《ちょう》、魏《ぎ》、燕《えん》、斉《せい》

秦《しん》は政治改革・行政改革に成功し、かつてない強大な国家となっていた。父・孝《こう》公と商鞅《しょうおう》の敷いた路線を継承した恵文王は、前三三一年から魏《ぎ》に攻め入り、前三三〇には魏の領土の黄河《こうが》が北に曲がるところの西側、いわゆる河西を取った。

内政面では、前三二八年に相国《しょうこく》（いまでいう総理大臣）を置き、また、前三二四年に秦の君主としては初めて「王」を名乗った。

戦国七雄は、一強六弱となってしまった。そこで六国は秦との関係をどうするかを模索した。

この時代、さまざまな外交策を持って諸国をまわる縦横家という職業があった。

彼らはもちろん思想を持っていたのだが、確固たる信念を説いたのではなく、その場その場でどこを味方にすればよいかという現実的対応策を説いた。したがって、A国で断られればB国に行くという、節操のない部分があり、また各国の王たちにも信念がなく、その場しのぎの解決策を求めたのである。

蘇秦《そしん》（?〜前三一七）が生まれたのは東周《とうしゅう》の洛陽《らくよう》で、斉で学んだ後、縦横家になった。彼の唱えた「合従」策は、当時最大の勢力をもっていた秦に対し他の六国が共闘してあたるというもので、これによって戦乱の世を治めることができるとしていた。

自分だけでは秦に対抗できず、いずれ征服されてしまうことが予想できた弱小国にとっては、成功すればこれほどありがたい話はなかった。

まず、燕《えん》の文《ぶん》公がこの策に乗った。つづいて、趙《ちょう》、韓《かん》、魏《ぎ》、斉《せい》、楚《そ》も説得に応じ、趙の粛《しゅく》侯を盟主とする六国合従が成立した。蘇秦は六国の大臣を兼務するという、大出世を果たした。

だが、この蘇秦の「業績」についてはかなり疑問視され、彼の存在そのものも疑われている。

ともあれ、前三一八年、楚、韓、趙、魏、燕、斉の六国が連合して、秦に攻め入ろうとしたが、函谷関《かんこくかん》で撃退された。

これにより六国は「合従」路線に疑問を抱くようになった。

一方、秦としては、函谷関ではうまく撃退したものの、今後も六国連合軍が強化されたのでは、いつかは負けるかもしれない。それに対抗するための強大な軍事力を備えるよりも、外交的に乗り切りたい。

そこで、秦の宰相・張儀《ちょうぎ》(?~前三一〇頃)が考えた外交戦略論が「連衡」だった。これは合従を崩壊させるために、秦が六つの国それぞれと結ぶというものだった。各国とも怖いのは秦なのだから、秦が和平をもちかければ、それに乗った。

こうして六国連合は崩壊。秦はそれを見届けると、各個撃破を始めた。これが後の秦による統一につながるのである。

この「連衡」を提唱し、秦の使者として、各国を説得してまわった縦横家が、張儀《ちょうぎ》だった。彼は魏に生まれ、斉で蘇秦と同じ師に学んだ。二人は同門だったのである。蘇秦は張儀の才能を認め、とても勝てないと思っていたらしい。

先に出世したのは蘇秦だったが、最後に勝ったのは張儀ともいえる。

14 秦《しん》——『キングダム』の時代の背景を読み解く

（本紀第五巻「秦本紀」）

▼中国統一への道

秦は紀元前七七八年には成立していた。中国初の統一帝国を築く始皇帝《しこうてい》（前二五九〜前二一〇）は、秦の三一代目の君主となる。この始皇帝については『史記』では第六巻「秦始皇本紀」に書かれているので、「秦本紀」は秦の始祖である襄公の先祖が五帝のひとり、顓頊《せんぎょく》の後裔だということから始まる。

それからの歴史は、これまでにも随所に出て来た。

ここでは始皇帝が中国統一を成し遂げる御膳立てを整えた、曽祖父にあたる昭《しょう》襄《じょう》王から始めよう。

昭襄王は二六代・恵文《けいぶん》王の子で、二七代・武《ぶ》王の弟で、即位したのは前三〇七年。この時点で、中国全土を支配する可能性があったのは七大国のなかでも、西の秦、南の楚《そ》、東の斉《せい》の三大国に絞られていた。

その時々に応じ、楚と斉が同盟して秦と対峙したり、秦と楚が同盟し、斉と戦っていたが、最初に落ちたのは楚だった。

前二九九年、秦は楚に侵攻し、八つの城を占領するなど圧勝したうえで、和平のための条約を結ぼうと楚に申し出た。

楚の懐《かい》王は秦に騙されて捕えられ、その後しばらくして敵地で死に、楚は無力化された。

前二八八年、秦と斉との間で平和協定が結ばれ、中国を東西に二分し、秦の昭襄王を西帝、斉の湣《びんおう》王を東帝と称することで話がまとまった。

だが、これにより斉が強くなったことで、秦以外の六国間の力関係にも変化が生じた。北東に位置する燕《えん》で政変が起きたことに乗じて斉が侵攻した。さらに斉は勢いをつけて、南の宋《そう》を滅ぼした。

攻められた燕は斉を憎み、同様に斉が強くなるのを快く思わない趙《ちょう》、韓《かん》、魏《ぎ》、そして秦との五か国連合を組むことに成功し、連合軍は斉と戦った。この戦いで滅亡は免れたものの斉は勢いを失った。結果的に、これにより秦は相対的に最も強くなった。

　前二七八年、秦は楚に侵攻し都を陥落させた。この頃、昭襄王のもとで宰相をしていたのが、范雎《はんすい》で、「遠交近攻《えんこうきんこう》」を外交方針としていた。国境を接しない遠くの国とは利害関係も薄いので仲良くし、近くの国には攻める、という方針である。具体的には斉とは親しくし、隣接している魏を攻めるというものだった。

　この頃、周は西周公と東周君の勢力とに分裂していた。

　前二六四年、秦は名目だけの天子だった西周《せいしゅう》を完全に滅ぼし、天子の象徴とされていた九つの鼎《かなえ》も奪い取った。そして東周《とうしゅう》も二五五年に滅ぼした。

　一方、戦国時代後半の最大の決戦は前二六〇年の、秦と趙との長平《ちょうへい》の戦いである。秦は趙を大敗させ、その兵士四〇万人が生き埋めにされた。

　昭襄王は前二五一年に亡くなる。そのすぐ後を継いだ孝文王は即位した一年後に死に、荘襄王が即位。しかし、その荘襄王も三年で死に、その子の政《せい》が王として即位した。前二四七年、後の始皇帝、一三歳のときであった。

15　食客《しょっかく》――何もしない人びとが「戦国の四君」に重宝された理由

▼「財力」「人気」が食客の数にあらわれる

食客《しょっかく》という言葉がある。任侠《にんきょう》の世界で、金持ちの家で何をするでもなくごろごろとしている居候《いそうろう》のことをいう。普段はただで飯を食べているだけだが、何かのときに役に立つ（かもしれない）人々で、気持ちにも経済的にも余裕のある人が、こうした食客を何人も抱えていた。食客は自分を食わせてくれそうな人がいると聞けば、どこの国にも行ったので、食客が多くいることは、その人物が全中国的に有名なことを意味していた。食客の数は、人気と財力のバロメーターだった。

戦国《せんごく》時代後期の「戦国の四君」は各国の王の一族や側近で、数千人の食客をかかえていた。政治家でもあったが、学問と芸術の保護者（いまでいうパトロン）でもあった彼らのことは「列伝」に書かれている。

16 斉《せい》の孟嘗君《もうしょうくん》――浮き沈みの激しい人生

（列伝第一五巻「孟嘗君列伝」）

▼孟嘗君《もうしょうくん》の浮き沈み

最も有名なのが、斉《せい》の孟嘗君《もうしょうくん》（？～二七九頃）。斉の威《い》王の末っ子で、王位には就かなかったが、莫大な私財があったので数千人の食客を抱えていた。

孟嘗君は従兄弟の湣《びんおう》王のもとで宰相となったが、その評判が高くなると、王との仲が悪化した。それを聞きつけた秦《しん》の昭襄《しょうじょうおう》王が、孟嘗君を宰相として招いたが重臣たちの大反対で気が変わり、やってきた孟嘗君を監禁してしまう。その窮地を救ったのが、食客だった。昭襄王には愛妾がいて、彼女の言う事なら何でもきいた。

そこで、食客のなかで犬の物真似をして盗みの得意な者（狗盗《くとう》という）が、愛妾が欲しがっているという狐の毛皮を王宮から盗み出した。これを愛妾に渡すと、昭襄王に執り成してもらい、釈放された。

しかし、またいつ昭襄王の気が変わるか分からないので、孟嘗君は逃げ出し、一行は真夜中に国境まで辿りついた。だが、一番鶏が鳴くまで関所の門は開かない決まりになっていた。そこで、食客のひとりが鶏の真似をして鳴いた（鶏鳴《けいめい》という）。すると、門は開いたのである。どんなくだらない芸でも役に立つことを、この故事から「鶏鳴狗盗」という。

斉に戻ると、孟嘗君は宰相に復帰し、韓《かん》と魏《ぎ》と同盟を組み、秦を攻撃した。だが、斉の湣王が裏切り、秦と手を結んでしまい、宰相職を解任されてしまった。そこで魏に亡命し、宰相になった。湣王の死後、自分の領地に戻って死んだ。

17 趙《ちょう》の平原君《へいげんくん》——危機を脱するために「食客」がしたこと

（列伝第一六巻「平原君虞卿列伝」）

▼秦の侵略は食い止めたが…

趙《ちょう》の平原君《へいげんくん》（?～前二五一）は、趙の王族のひとりで、恵文《けいぶん》王と孝成《こうせい》王の時代に宰相として仕えた。彼もまた数千人の食客を抱えていた。

趙は前二六〇年の長平《ちょうへい》の戦いで秦に大敗し、四〇万人の兵が生き埋めにされ、さらに、前二五七年に秦によって都を攻められ包囲された。平原君は援軍を要請するために楚《そ》に向かった。

そのとき、食客二〇人を連れていき、そのひとりが援軍をしぶる楚を大喝《だいかつ》したおかげで、趙と楚の同盟が成立し、秦の侵攻を食い止めることができた。

だが、それは一時的なものにすぎなかった。平原君は、前二五一年に亡くなった。

18 魏《ぎ》の信陵君《しんりょうくん》――名望ある将軍はなぜ失脚したのか

（列伝第一七巻「魏公子列伝」）

▼なぜ信陵君《しんりょうくん》は解任されたか

魏の信陵君《しんりょうくん》（?～前二四四）は安釐王《あんきおう》の弟だった。前二五七年に趙が秦に攻められると、魏は趙の救援に向かうが、秦から恫喝され、魏の安釐王は軍を国境で止めてしまった。

信陵君のもとに趙からは何度も援軍の要請が来る。そこで、王の命令に背いて食客の助けを借りて軍を掌握すると、趙の援軍に向かった。

戦後、信陵君は王の命に背いたので帰れば処罰されると思い、趙に一〇年にわたり滞在した。

一方、信陵君がいないのをいいことに、秦はたびたび魏を攻めた。魏の安釐王は信陵君に帰国するよう求めた。食客の助言もあり、信陵君は帰国し、兄と再会した。そして正式に軍の指揮権を授かると、秦との戦いに挑んだ。

前二四七年、魏と、楚・趙・韓・衛《えい》との同盟が成立し、五か国連合軍が秦と決戦した。連合軍は二度にわたり、秦軍に圧勝。信陵君の名声は高まった。

そこで秦は謀略戦に出た。食客たちに金をばらまき、信陵君が王位を狙っていると安釐王に吹き込んだのである。この讒言《ざんげん》を信じた王は信陵君を将軍から解任。その四年後に信陵君は死んだ。信陵君がいなくなったので、秦は安心して魏を攻めた。

19 楚《そ》の春申君《しゅんしんくん》——巻き込まれた陰謀とは？

（列伝第一八巻「春申君列伝」）

▼陰謀劇に巻き込まれる

楚の春申君《しゅんしんくん》（？～前二三八）は、王の一族ではなかったが、楚の頃襄《けいじょう》王に仕えた。秦に友好関係を結ぶために派遣され、成功した。頃襄王の死後はその子の孝烈《こうれつ》王《おう》のもとで宰相となった。前二四一年に他国と連合して秦と戦うが大敗。さらに、前二三七年、春申君は孝烈王の世継ぎをめぐる陰謀劇に巻き込まれ殺され、一族も食客もみな殺しにされた。

秦によって楚が滅亡するのは、時間の問題となった。

三章

『史記』統一とその後

戦国時代を終わらせるのは秦の始皇帝である。

そこでここから再び「本紀」に戻ってみよう。第四巻「周本紀」の続きは、「本紀」としては第五巻「秦本紀」となり、統一前の周王朝が続いていた時代の、強国のひとつだった時代が書かれていた。

以後、「本紀」は、第六巻が秦の始皇帝、第七巻が項羽で、第八巻から最後の第一二巻までが漢帝国の歴史となる。最終巻の漢の武帝の時代は、司馬遷にとっては「現代」にあたる。

▼▼▼1 始皇帝《しこうてい》——中国全土を統一した皇帝の生涯と国家ビジョン

(本紀第六巻「秦始皇本紀」)

▼始皇帝の登場

いよいよ始皇帝の登場となるのが、「本紀」第六巻。初めて「本紀」に、ひとりの人物だけで一巻が充てられた。それだけ重要な人物ということになる。始皇帝の前の秦の王については第五巻「秦本紀」に書かれている。

秦の始皇帝の功績は、なんといっても戦国時代を終わらせたことにある。日本の戦国時代でいえば、信長と秀吉と家康の三人分の仕事をしたことになる。

秦《しん》の始皇帝《しこうてい》、姓は嬴《えい》、名は政《せい》という。秦の第三〇代・荘襄《そうじょう》王の子として、前二五九年に生まれた。だが、この出生については疑問が持たれている。司馬遷《しばせん》『史《し》記《き》』によると、荘襄王の子ではなく、そのパトロンだった呂不韋《りょふい》という大商人の子だという。

■始皇帝による中国統一

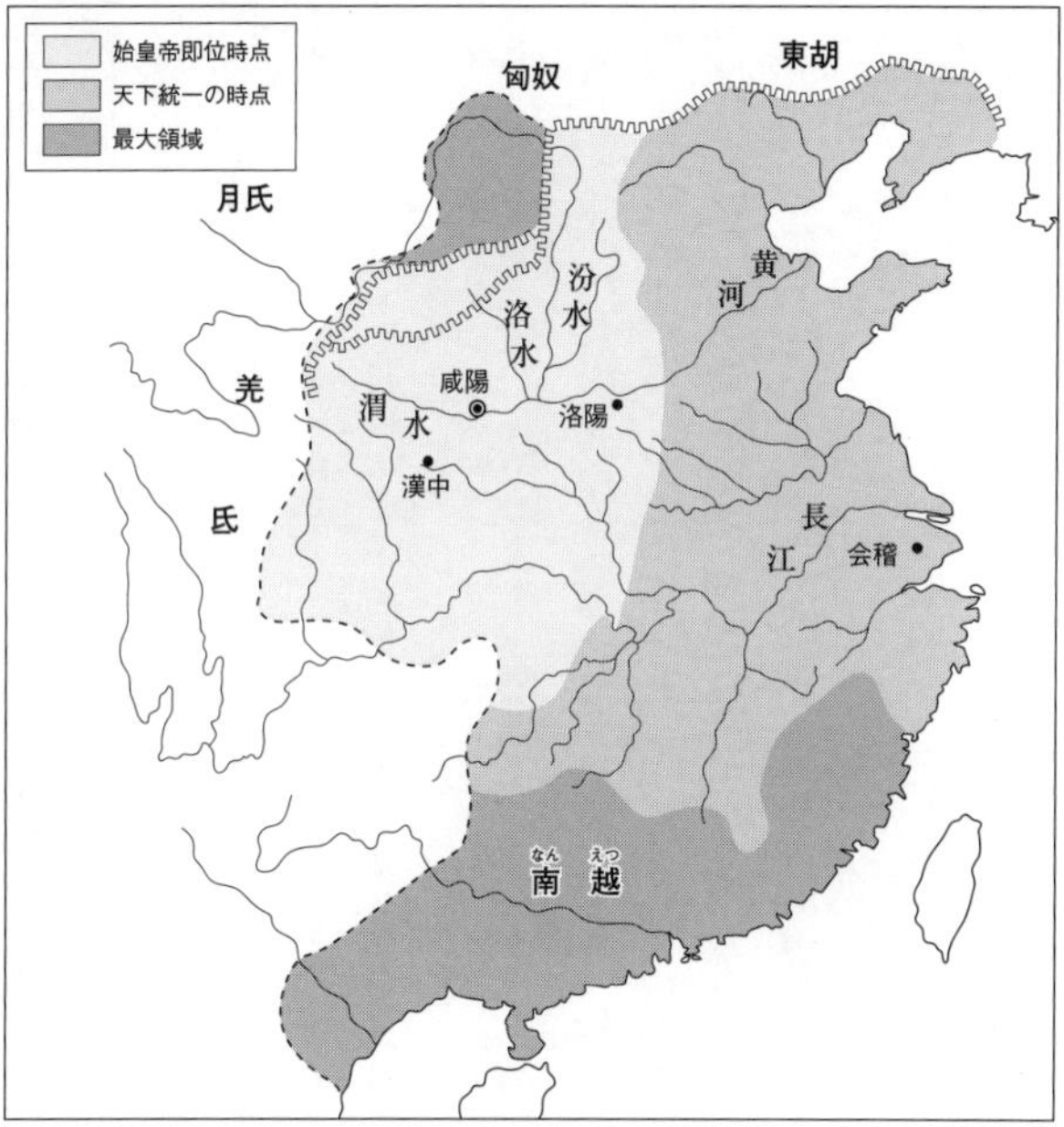
始皇帝即位時点
天下統一の時点
最大領域
匈奴
東胡
月氏
羌
氐
汾水
洛水
黄河
渭水
咸陽
洛陽
漢中
長江
会稽
南《なん》越《えつ》

嬴政《えいせい》の生まれた頃はどんな時代だったのか。その前年である前二六〇年は大国だった趙《ちょう》が長兵《ちょうへい》の戦いで、秦に大敗した年だった。これによって、秦による統一に向けて歴史の歯車は大きく動き出した。ときの秦の王は、第二八代・昭襄王《しょうじょうおう》である。秦は戦国《せんごく》時代に残った七国のなかでは後進国だった。それが大胆な政治改革を断行するにあたっては、プラスに働いた。世襲貴族の勢力がそれほど強くなかったがゆえに、その特権を廃し、官僚による統治へと他国に先駆けて移行することができたのである。

さて、始皇帝の出生のドラマから始めよう。昭襄王が存命中、その在位四〇年目に長男の太子が先に亡くなってしまったので、次男の安国《あんこく》君が太子となった。この安国君には二〇人以上の男子がおり、そのひとり、子楚《しそ》は外交戦略の一環として趙に人質として送られていた。子楚という人質がいながらも、秦が何度も趙に戦争を仕掛けたのは、子楚など殺されてもかまわないという意思の表れでもあった。つまり、どうでもいい存在だった。

ここで大商人の呂不韋が登場する。呂不韋は何千人もの食客《しょっかく》を養えるほどの大金持ちの商人で中国各地を行き来し、モノを仕入れたり売っていた。趙に着いたとき、子楚という、秦の王の孫がこの国に人質となり、冷遇されていると知ると、「奇貨、居《お》くべし」と言った。

「奇貨」は「珍しいもの」、「居く」は「買う」という意味である。この故事から、「チャンスをものにする」という意味で使われる。ようするに、「これは買いだ」ということだ。呂不韋は、いま子楚に恩を売っておけば、将来、何かの役に立つのではないかと思ったのである。

そこで、呂不韋は子楚と面会して、「あなたのために全財産をかけ、秦に行って、安国君とその華陽夫人に対し、あなたを後継者にするよう工作しましょう」ともちかけた。華陽夫人は、安国君の寵愛《ちょうあい》を受けていたが、彼女には子がいない。華陽《かよう》夫人を説得できれば、子楚が公子となる可能性が俄然、高くなるのである。子楚は「もしうまくいったら、秦の半分をやろう」と言った。

昭襄王は高齢で、いつ死んでもおかしくない。ことは急ぐ。呂不韋は大金を持って秦に向かった。そして、華陽夫人に高額な贈り物をして近づき、子楚を後継者にすべきだと説得した。

華陽夫人は、その気になり、安国君に子楚を後継者にするよう説得、君もこれを了承した。こうして、後継者レースからまったく外れていたと思われていた子楚が、最有力候補になったのである。

呂不韋には、趙姫《ちょうき》という愛妾《あいしょう》がいた。とても美しい女で彼としても気に入っていたのだが、ある日の宴会に彼女をはべらせていたところ、招かれて来た子楚が一目惚れし、趙姫を譲ってくれという。呂不韋は、惜しいと思ったが、趙姫を譲った。そして一年ほど経って、趙姫は出産した。それが政である。前二五九年のことだった。司馬遷は、趙姫が子楚に譲られた時点で、すでに呂不韋の子を身ごもっていたとし、政は呂不韋の子だとしている。その可能性も高いが、他の史料では子楚の子としているものもあり、真相は定かではない。ただ、政こと後の始皇帝の出生については、その当時から疑問が持たれていたことは事実のようだ。

▼王への即位から中国統一まで

昭襄王が亡くなったのは、前二五一年、在位は五六年の長きにわたり、秦の中国統一への大きな礎《いしずえ》を築いた生涯だった。予定どおり、太子の安国君が王に即位した。ところが、一年で死んでしまい、子楚が即位することになった。荘襄王である。即位すると、荘襄王は呂不韋を丞相とした。政は後継者の太子になった。

ところが、荘襄王も早くして亡くなる。即位して三年、前二四七年のことであった。こうして、政は秦王に即位したのである。一三歳の少年王の誕生だった。呂不韋は相国というポストに就き、秦の実権を握った。さらに、趙姫との男女の関係も続いていた。趙姫はかなり淫乱だったようで、呂不韋も手を焼くほどだったという。

呂不韋は太后となった趙姫に、自分の代役として、巨大な男根の持ち主として有名だった嫪毒《ろうあい》を、宦官《かんがん》（去勢した男）と偽って後宮に送り込んだ。趙姫は嫪毒に夢中になり、彼の子を二人も産んでしまった。そればかりか、その子を王位に就けようと画策しはじめた。ここにいたり、密告によって嫪毒の存在が政にばれた。嫪毒は先手を打って、クーデターを起こそうとするが鎮圧され、逃亡の末に捕えられると、車によって引き裂かれる刑を受けた。嫪毒を太后に紹介したことで、呂不韋も連座し、失脚。相国を解任された。さらに二年後、自殺した。

こうして、政は名実ともに、秦の王となったのである。前二三五年のことだった。この一連の事件については、政が呂不韋失脚までを念頭に置いて企てた逆クーデターであったという見方もある。

秦の全権を掌握した政の前には、六つの大国が敵として存在した。これらをすべて滅亡させ、中国を統一すること（この時代としては、中国統一は「世界統一」という意味だった）、それが秦王・政のテーマとなったのである。

秦が本格的に各国を滅亡させるのは前二三〇年からである。

前二三〇年には隣国の韓《かん》が滅びた。ついで、趙《ちょう》に侵攻し、前二二八年に滅ぼす。秦からは離れていた燕《えん》が、いずれは自国も攻められると危機感を抱き、秦王・政のもとに刺客を送るが失敗したのは、この頃である。この暗殺失敗を契機に、前二二六年、秦は燕に侵攻し、都を陥落した。

前二二五年には魏《ぎ》と戦い、魏王が降伏。残るは斉《せい》と楚《そ》。先に滅ぼしたのは南の大国、楚だった。前二二三年に楚は滅んだ。都は陥落したものの、まだ完全には滅んでいなかった燕も、前二二二年に滅ぼされた。そして、前二二一に東の大国・斉《せい》も滅んだのである。この間、わずか十年。怒濤のような侵攻であった。

▼始皇帝が築いた新しい国家とは

秦王・政が最初に決めたことは、自らの称号であった。夏《か》王朝の時代から、天子にあたる地上の統治者は「王」という称号で呼ばれていた。その王から世襲の領地（国）と爵位をもらい、それと引き換えに王を守ることを約束するのが、中国の封建制度だった。

大きな国の国君《こっくん》は最初は「公」を名乗っていたが、戦国時代になると、周王室が有名無実化していたので、「王」を名乗るようになり、何人もの王が存在した。いわば、王と王の争いが戦国時代であり、最終的に残った、たったひとりの王が秦王・政であった。

政としては、天下を統一した以上、これまでの王とは異なる次元に立ったつもりだった。それにはふさわしい新しい称号が必要である。こうして、伝説の「三皇五帝」にちなみ「皇帝」という称号を考え出し、自ら名乗った（「皇帝」の由来については諸説ある）。

それと同時に、自分を指す一人称代名詞として、「朕《ちん》」、「制《せい》」、「詔《しょう》」なども定め、これらは皇帝以外は使ってはならないとされた。

こうして、秦王・政は、皇帝となり、秦は王国から、帝国になったのである。さらに、それまでは公や王はその死後、君子たちから諡号《しごう》を贈られていたが、政はそれも廃止した。臣下が皇帝を評価するとはけしからんというわけである。そのため、存命中は「皇帝」、死後は、初代の皇帝という意味で「始皇帝」と呼ぶように決めた。その次の皇帝は「二世皇帝」、そのまた次は「三世皇帝」とし、未来永劫、続くようにしたのである。したがって、始皇帝は存命中はただの「皇帝」で、「始皇帝」と呼ばれるのはその死後なのだが、本書では、他の王も諡号で書いているので、以後は、政のことを始皇帝と記す。

こうして、中国に皇帝が誕生した。始皇帝の構想では二世、三世と続くはずだったが、わずか二代にして秦の皇帝は滅ぼされ、以後、いくつもの王朝が栄えては滅ぶ。諡号も復活し、皇帝の名前を数で区別するのは、秦が最初で最後となってしまった。

さて、秦以外の国は「滅亡した」とはいうものの、国土そのものが地上からなくなったわけでもなければ、その土地で暮らしていた人々を皆殺しにしたわけでもない。占領して、自国領土としたわけである。

この広大な領土をいかに統治するか。始皇帝の最大の功績は、中国の統治機構の構築にあった。

それまでも戦争によって領土を拡大していった国はあった。その場合は、戦いで功績のあった者や君主の一族を、その征服した地域の領主に封じ自治権を与えていたわけだが、始皇帝はすべて皇帝の領土とした。とはいえ、直接、すべてを統治するのは不可能である。

そこで、全国を三六の郡《ぐん》（後に四八になる）に分け、各郡に「守《しゅ》」を長官として派遣し、その下に副官として丞《じょう》、軍の指揮官として「尉《い》」、監察官として「監《かん》」などの役人を置いた。その地位は世襲ではなかった。日本とは逆で、郡の下に県が置かれ、ここに郡県制が誕生した。

その全国の郡県と都を結ぶ幹線道路も建設された。その全長は七五〇〇キロメー

■秦王朝時代

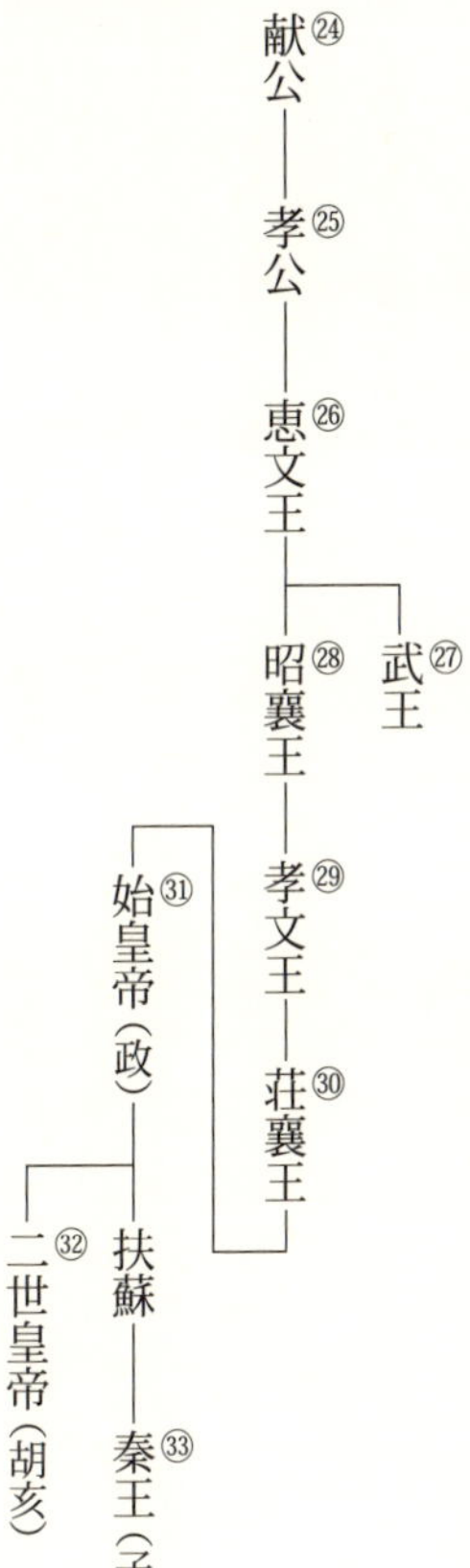

トル。さらに天下統一とともに、各地方でばらばらだった長さや重さの単位、度《ど》量衡《りょうこう》も統一され、通貨、そして文字も統一されたのである。

戦国の世が終わったばかりなので、中国全土には多くの武器があった。反乱する者が現れれば、その武器は皇帝に向けられる。そこで、全国の武器を没収した。

▼始皇帝の死と秦の滅亡

天下統一の翌年、前二二〇年、始皇帝は最初の巡幸《じゅんこう》をおこなった。自分の支配した地域を巡回したのである。とうてい、一回で全中国をまわることはできず、一〇年の間に五回、巡幸はおこなわれた。

中国の北、いまのモンゴル高原には匈奴《きょうど》と呼ばれる遊牧民族がいた。この匈奴は、昔から何度も攻め込んできた。それへの備えとして建設されたのが、万里の長城である。始皇帝は以前からあった長城を、伸張してつなげ、四〇〇〇キロにわたるものにした。この工事には数十万人が動員された。さらに、阿房宮《あぼうきゅう》という豪華な宮殿や自分の墓となる皇帝陵の建設も始め、これにも何十万人もが動員された。

始皇帝の悪政の代表としていわれるものに「焚書坑儒《ふんしょこうじゅ》」がある。殷《いん》や周《しゅう》の時代の封建制度を賛美していた儒家の教えを弾圧するために、儒家の書いた本を焼き（焚書）、学者を穴埋め（坑儒）にしたのである。思想弾圧、言論弾圧の象徴として伝えられている。

全てを手に入れた始皇帝が最後に求めたのが、「不死」だった。そのため、不老不死の仙薬をなんとしてでも入手しようとした。始皇帝の命を受け、東方の海の中の国に不老不死の薬を求めたのが徐福《じょふく》である。その伝説は日本各地に残っている。

前二一〇年、始皇帝は五回目となる巡幸に出かけた。そして、その旅の途中で発病し、そのまま五〇年の人生を終えた。

その業績はあまりにも大きい。名君だったのか暴君だったのかは、歴史観によって異なるだろうが、中国史上最大の存在であることは誰もが異論はないだろう。

巡幸には丞相の李斯《りし》と宦官《かんがん》出身の中車府令《ちゅうしゃふれい》・趙高《ちょうこう》、そして末っ子の胡亥《こがい》が同行していた。長男の扶蘇《ふそ》は北方の防衛の任に就いていたのである。はたして、後継者はどちらなのか。秦滅亡の序曲はここから始まる。

▼秦帝国崩壊

前二一〇年、五回目の巡幸に出て発病した始皇帝《しこうてい》は、自らの死期を悟ると、長男の扶蘇《ふそ》を後継者と定め、そのことを伝える勅書をつくった。だが、それが発送される前に始皇帝は死んでしまった。ここから趙高《ちょうこう》の大陰謀が始まる。

趙高は趙の王族の遠縁だったが、母親が死刑になる罪を犯したため、連座して去勢《きょせい》され、宦官《かんがん》になった。秦に仕えるようになると、有能で、特に刑法に通じていたことから始皇帝に重用され、出世した。始皇帝の末子の胡亥《こがい》の教育係でもあった。

始皇帝が旅先で亡くなったとき、そばにいたのは、この趙高と丞相の李斯《りし》、そして胡亥だった。李斯は始皇帝の死によって国内の混乱が生じるのを恐れ、その死を隠したまま行幸を続け、都に戻ってから発表することにした。これに乗じて、趙高は李斯を説得し、長男の扶蘇ではなく、胡亥を帝位に就けようともちかけた。始皇帝の遺体は都に戻り、その死が発表されるとともに、偽造された勅書によって、胡亥が皇帝に即位した。扶蘇は罪がでっちあげられ、自害に追い込まれた。

二世皇帝・胡亥は無能で趙高のいいなりだったので、それをいいことに、趙高は恐怖政治を始めた。些細な罪でも摘発し、本人のみならず一族を処刑する連座制を強化。これによって、李斯も処刑され、他の多くの大臣や将軍が殺された。趙高は権力の絶頂にあった。皇帝は自分の意のまま、朝廷には逆らう者はいない。ある日、趙高は皇帝に「珍しい馬がいたので献上します」と言って、鹿を連れてきた。皇帝は「これは鹿ではないか」と笑ったが、側近たちは「馬です」と言った。「鹿です」と言った者も処刑された。「馬鹿」はこの故事に由来する。

そのころ、始皇帝時代からの大規模工事は、戦争以上に人民に苦役を強いていたので、人々の不満がたまり、始皇帝の死によってそれが噴出、前二〇七年には各地で反乱が起きるようになっていた。劉邦《りゅうほう》率いる反乱軍が都に攻め入ると、胡亥もついに趙高の責任を問うようになった。それを知った趙高は逆に胡亥を自害に追い込み、自分が皇帝に即位しようとしたが、さすがに、これに同意する者はなかった。

趙高は、秦帝国を王国に戻すと、自分が死に追いやった扶蘇の子・子嬰《しえい》を秦の王位につけた。そのうえで、劉邦に対し、「天下を二つにわけよう」と提案した。子嬰はこの話を聞くと、自分もいずれ殺されると察し、先手を打って、趙高を殺し、その一族を処刑。迫ってきた劉邦には降伏した。こうして始皇帝の死からわずか三年で秦は滅びた。

▼▼▼2

項羽《こうう》──なぜ劉邦と戦い、どうして敗れたのか

（本紀第七巻「項羽本紀」）

▼戦乱の時代再び

秦が滅びると、再び戦乱の世となる。そのなかで勢力を拡大していたのが、項羽と劉邦。最終的には劉邦が勝利して、漢帝国が建国されるが、その直前、短期間だが、項羽も中国全土を支配したので、「本紀」として書かれたのだ。

項羽《こうう》は、紀元前二三二年に生まれた。姓は項《こう》、名は籍《せき》、字は羽《う》。そのため、一般には「項羽」と呼ばれる。楚《そ》の国の将軍を出す名家の出身だったが、彼がものごころついたころ、すでに楚は滅亡していた。巡幸する始皇帝《しこうてい》の行列を見て、項羽少年は「いつかとって代わってやる」と言ったという。それぐらい気の強い少年だった。身長一八〇センチと体格に恵まれ、腕力もあった。「文字など、名前が書ければ十分」とうそぶき、文字を習おうとせず、剣術も「ひとりに対するものではない

か、俺は万人を相手にするものを学ぶ」とばかにして学ばなかった。

前二〇九年、始皇帝が没した翌年のこと、各地で秦《しん》の圧政に堪えかねた人々が反乱軍として決起した。その代表が、陳勝《ちんしょう》と呉広《ごこう》だった。二人は北の匈奴《きょうど》の襲来を防衛する任務のため、九〇〇人の貧農たちを連れて行く任務を負っていた。ところが、途中で大雨にあい、期日までに目的地に行くことは不可能となった。しかし、秦帝国においては、期日に間に合わない場合、いかなる理由があろうと死刑になる。どちらにしろ、明日の命はない。二人は、一か八か、反乱を起こすことにした。それを知って、秦帝国各地で、我もと、反乱を起こすものが続出したのである。陳勝は攻略した地に張楚《ちょうそ》という国を建国し、秦に滅ぼされた六強国では、それぞれのかつての王の一族が立ち上がった。またも戦国時代の到来となりそうだった。このとき、かつての楚の将軍家の項梁《こうりょう》と、その甥の項羽も蜂起した。

項梁の反乱軍には続々と名将たちが参加し、当初は八千人だったのが、またたくまに十倍に膨れ上がった。そのなかには劉邦《りゅうほう》もいたことがある。

項羽の活躍もあり、旧楚軍は秦軍との戦いで一時的に勝利したものの、秦軍は態勢を立て直し反撃に出て、陳勝・呉広の反乱軍は壊滅、二人は部下に殺されてしまう。さらに、楚軍の項梁も戦死した。楚王として擁立された懐《かい》王は、秦討伐軍を編成すると、「関中《かんちゅう》（中国の中心地域）に最初に入った者を関中王にする」と戦後の論功を明らかにした。これを目指して、項羽と劉邦は二つのルートから侵攻した。

項羽軍は強く、連戦連勝だった。その戦いは激烈で、殺戮《さつりく》につぐ殺戮だった。一方の劉邦は肉弾戦より調略を重視し、なるべく戦闘をしないで、各地を制していった。この違いの根本には両者の性格の違いがあった。

先に関中に到達したのは、劉邦軍だった。すでに触れたように、秦の丞相となっていた宦官出身の趙高《ちょうこう》は二世皇帝・胡亥《こがい》を殺し、子嬰《しえい》を秦王に即位させ、延命を謀ったうえで、劉邦に天下を二人で分けようと持ちかけた。しかし、劉邦に断られたうえに、子嬰に知られてしまう。子嬰は趙高を殺した上で劉邦と面談し、降伏すると伝えた。前二〇七年のことである。

都に入った劉邦は防備を固め、項羽が入ってこれないようにした。一ヶ月遅れて到着した項羽はこれに激怒、劉邦軍を攻撃する。

項羽軍は四〇万、対する劉邦には一〇万の兵しかいない。劉邦は戦うのを断念し、項羽に謝罪することにした。劉邦は鴻門《こうもん》に陣を張る項羽を訪れた。そのとき、項羽に、いまのうちに劉邦を殺すべしと進言する者がいたが、項羽はその手はとらなかった。これが「鴻門の会」として有名な両者の会談である。

秦の都・咸陽《かんよう》に入った項羽は降伏した秦王・子嬰を殺し、秦帝国の権力の象徴だった広大にして華麗な阿房宮を焼き払った。都は三日にわたり炎上したという。最高権力者を倒した者が次の権力者となる——中国史における、いや世界史における原則がこの場合もあてはまり、項羽がすべての実権を握った。形式的には項羽は楚の王となっていた懐王の臣下だが、その意向を無視し、項羽が論功行賞《ろんこうこうしょう》をおこなった。懐王に義定《ぎてい》という称号を与え、自らは「西楚の覇王」と称した。

項羽の統治は、秦帝国の郡県制度ではなく、周《しゅう》王朝の封建制度を真似したものだった。秦との戦いで論功のあった将軍たちや、旧六国の旧王族たち一八人を全国各地に封じて、王にした。

本来ならば、楚の懐王との約束では、中心地である関中の王となれるはずの劉邦は、西の辺境の地・漢の王にさせられた（このとき、劉邦が漢王になったので、後の帝国は漢帝国となるのである）。この劉邦の扱いに示されるように、項羽の論功行賞には原則がなく公平でもなかった。そのため、不満が鬱積《うっせき》した。項羽に不満を抱くものは劉邦のもとに参集した。こうして項羽と劉邦の死闘が始まったのである。

項羽は自分が一番強いと思っていた。事実、強かった。臣下の意見にも耳を貸さず、独裁的になっていった。戦場ではそれでもよかったのかもしれない。その後の戦いでも、項羽は勝利していった。だが、政治的センスはなかった。

項羽の最大の政治的判断ミスは、天下は自分のものだと錯覚し、前二〇五年に彼の権威の拠り所となっていた楚王・懐王を用済みとみなして殺したことだった。

これによって劉邦には項羽討伐の大義名分ができ、挙兵した。ところが劉邦率いる項羽討伐軍は五六万もの兵を有しながら、三万の項羽軍に負けてしまう。やはり、項羽は強かった。

それから楚と漢の間での激戦が各地で展開した。両軍とも、決定的な勝利を収められないまま、前二〇三年になった。この間、項羽のもとからは有能な臣下が離反し、劉邦側に寝返るなど、項羽の人徳のなさによる陣営のほころびが目立ってきた。

▼悲劇的な最期

ついに、膠着した状況をどうにかしようということで、項羽と劉邦の間で、停戦合意がなされた。天下を東西に二分し、東を楚、西を漢にしようということで、合意が成立したのである。項羽軍に囚われ、人質となっていた劉邦の父母と妻子は釈放された。これも、項羽の判断ミスだった。

両軍はそれぞれの拠点に帰還することになった。その項羽軍を劉邦は背後から追撃した。停戦合意を裏切ったのである。漢軍の急襲により、項羽は危機に陥った。亥下《がいか》で項羽は漢軍に囲まれた。その夜、楚の歌を歌う声が項羽を包囲した。「四面《しめん》楚歌《そか》」として有名なシーンである。漢軍の兵たちが、項羽への心理戦の一環として、楚の歌を歌ったのだ。

ここで問題となるのが「四面楚歌」である。漢軍はなぜ、楚の歌を兵たちに歌わせたのか。漢軍に包囲されていると項羽に分からせるには、むしろ漢の歌のほうがふさわしいのではないか。また、なぜ項羽はこれを聞いて負けを悟ったのか。これについては、諸説ある。

一説には、長期にわたる闘いで楚の兵士たちは疲れ果て郷愁を抱いているだろうから、楚の歌を聞かせることで戦闘意欲を喪失させたという。あるいは、楚の兵士の多くがすでに漢に寝返っていると思わせるためという説もある。だがいずれも決め手に欠き、司馬遼太郎も『項羽と劉邦』で、「分からない」と書いている。中国史上最も有名なシーンは、最大の謎でもあるのだ。

ともあれ、敗北を悟った項羽は最後の酒宴を開き謡った。

「力は山を抜き、気は世を蓋《おお》う。時、利あらず、騅《すい》（項羽の愛馬の名前）ゆかず。騅ゆかざるをいかにすべき。虞《ぐ》（項羽の愛妾）や虞やなんじをいかんせん」

自分にはとてつもない能力があり、弱くて負けたのではない、天が滅ぼすのだ、というのが前半の意味で、後半は、愛妾の虞に、どうしたらいいんだ、と嘆いている。謡い終えると、項羽は、八〇〇騎余りの部下とともに、闇にまぎれて、漢の包囲を突破した。しかし、烏江《うこう》に到達すると、ここまでと覚悟し、その地で追撃してきた漢軍に立ち向かい、その戦闘のさなか、自らその首をはねた。

項羽の首を持っていけば、論功に預かれる。漢軍の兵たちは、項羽の遺体にむらがった。同士討ちをし、死者まで出しながら、項羽の五体をバラバラにするという凄まじい光景が展開されたという。

この劇的な最期から項羽には悲劇的イメージが漂い、いまも人気がある。

3 劉邦《りゅうほう》――漢帝国初代皇帝の波乱と激動の生涯

（本紀第八巻　高祖本紀）

▼劉邦《りゅうほう》とは何者か

第八巻は漢帝国初代皇帝の劉邦の記録だ。没後、「高祖」と呼ばれたので「高祖本紀」となる。この第八巻を含め漢帝国皇帝の本紀が五巻続き、最後は当時の「現代史」となる。

劉邦《りゅうほう》の生年については、前二五六年、前二四七年など諸説ある。このようにあやふやなのは由緒正しい家柄の出身ではないことを示してもいる。姓は劉、名は邦、字は季《き》。しかし、中国の有名人には珍しく、字よりも本名のほうで呼ばれることが多い。漢《かん》の初代皇帝としての諡号《しごう》は「高祖《こうそ》」。

劉邦は楚で農民として生まれ、一時は盗賊にまで落ちぶれたともいう。その幼少年時代のことは、よく分からない。ただ、盗賊時代を含め、性格はざっくばらんで、誰とでも親しくなり、他人の面倒をよく見る「任侠《にんきょう》の人」だったようだ。この性格が人をひきつけ、この人のためなら命も惜しくないと思う者が多く、劉邦に天下をとらせたのであろう。

項羽《こうう》を倒すまでは前項にあるとおりである。ここではその後の劉邦を追ってみよう。

劉邦が漢の王になったのは、前二〇六年。この年、項羽によって秦《しん》は滅び、以後五年にわたる楚の項羽と漢の劉邦との死闘が終わるのは、前二〇二年のことである。その後に劉邦は皇帝に即位し、それと同時に漢帝国が成立した。

秦の始皇帝によって確立された郡県制は、項羽によっていったんは封建制に戻された。その後を継いだ劉邦は、その折衷案ともいえる郡国制を導入した。四二あった郡のうち、一五を漢帝国の直轄地とし、皇帝直属の中央から派遣された役人が統治した。その他の郡には、周時代の封建制のように、軍功のあった者や一族が王や諸侯として封じられ、かなりの独立性をもった。つまり、一つの帝国に二つの制度が生じたのである。

劉邦は国家の体制を整えると、秦時代の圧政とその後の戦乱で疲弊した農民の生

■前漢王朝系図

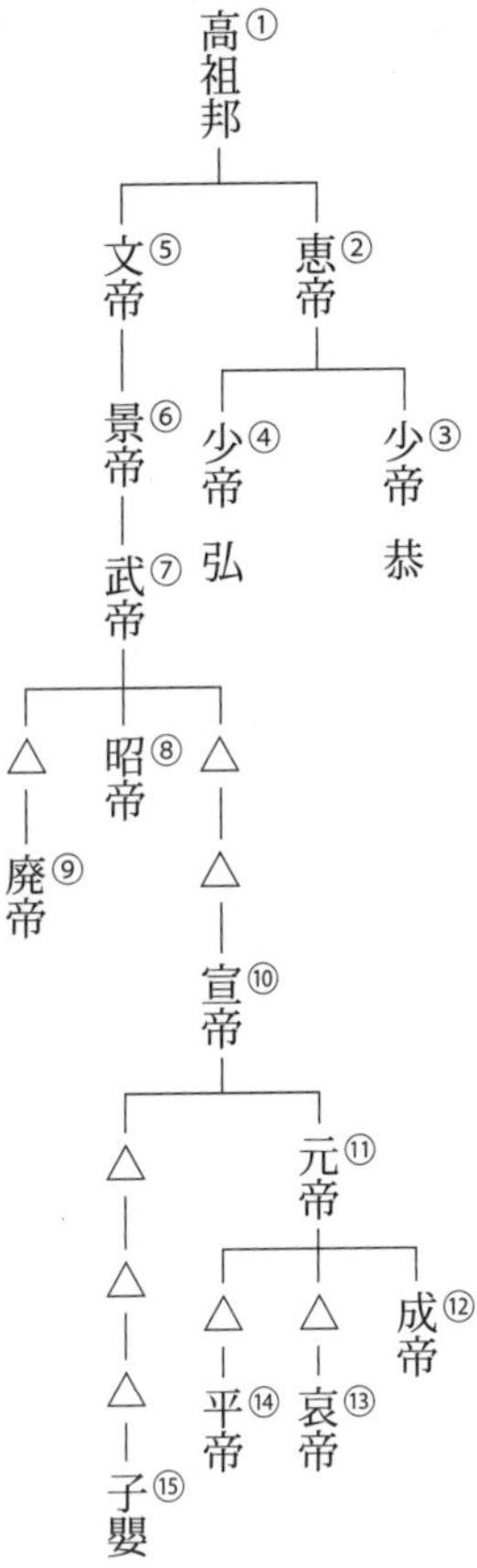

活の立て直しに着手した。彼自身が農民出身だったので、まず何よりも農民の生活の安定を重視したのである。こうした姿勢は農民に支持された。

血筋が正しいわけでもなく、項羽のような天才的な軍人でもなかった劉邦は、皇帝になってから、不安に襲われた。もともと自分の家来ではなかった諸侯《しょこう》の力によって皇帝になったため、その論功行賞《ろんこうこうしょう》として領土を与えたわけだが、それは将来の敵かもしれない者に、力の源泉となる領土と領民と軍を与えたことでもあった。面倒見がよく、人に慕われた劉邦は別人になった。側近や親しい仲間だった将たちを、次々と粛清《しゅくせい》しはじめたのである。

諸侯のひとり黥布《げいふ》は粛清されそうになったのを察すると、前一九六年、先手を打って反乱を起こした。劉邦は自ら兵を率いてこれを鎮圧したが、その戦いで受けた傷が悪化し、翌年、亡くなった。その在位は漢王に就いてから数えても一〇年でしかなかった。

4 呂太后《りょたいこう》――劉邦の后は漢帝国をどう混乱させたのか

（本紀第九巻　呂太后本紀）

▼劉邦《りゅうほう》死後の混乱

本紀の第九巻は漢帝国編としては第二巻で、高祖（劉邦）の后、呂《りょ》太后（?～前一八〇）についての巻だ。唯一、本紀のある女性だし、正式な皇帝ではないのに一巻の本紀があるのもこの呂太后だけだ。いかに、実権のある后だったか分かる。

劉邦《りゅうほう》の死後、漢《かん》の二代皇帝となったのは、長男の恵帝《けいてい》（前二一〇～前一八八年、即位は前一九五年）だったが、実質的に支配したのは、劉邦の后、呂《りょ》太后だった。

劉邦の死後、呂太后は、息子・恵帝のライバルとなる側室の戚《せき》夫人が産んだ子を殺したうえ、戚夫人の手足を切断、耳と目をつぶし口もきけなくさせたうえに、厠《かわや》に投げ入れるという、すさまじい刑に処した。この母親の残虐さを見て、息子・恵帝は廃人のようになってしまい、即位して七年目に二三歳で病死した。

恵帝に正式な太子はいなかったので、呂太后は恵帝の後宮の女性が産んだ幼い子を帝位につけ（小帝恭《しょうていきょう》）、自分が皇帝代理として君臨した。

だが、四年後に恭は、自分が皇后の子ではなく、実の母は呂太后によって殺されたと知り、そのことを呂太后に抗議したので、殺されてしまった。その代わりに、小帝弘《しょうていこう》が帝位についた。こうして、劉邦の死後一六年にわたり、呂太后が実権を握り、呂一族が要職を独占した。しかし、前一八〇年、呂太后の死によって、呂一族の時代は終わった。重臣たちによって一族は粛清されたのだ。

呂氏一族を粛清した帝室の重臣たちは、次の皇帝として、呂太后の粛清を免れた劉邦の息子のなかで、代《だい》の国の王となっていた文《ぶん》帝を選んだ。

5

漢《かん》の文帝《ぶんてい》――五代皇帝が名君とよばれた理由

（本紀第一〇巻　孝文本紀）

▼文帝の時代

「本紀」第一〇巻は「漢帝国編」第三巻にあたり、漢帝国第五代皇帝となった文帝（前二〇二～前一五七）である。

文帝の在位は二三年間に及んだ。その諡号《しごう》が示すとおり、文帝は漢王朝の皇帝のなかでも名君として評価が高い。

文帝の政策は、税を軽くし役人の数を減らすという「小さな政府」路線で、農業を振興させた。このおかげで、民は豊かになった。政府の支出を抑えるために、北方の匈奴《きょうど》との軍事的衝突を避け、平和共存路線をとった。都・長安に常駐していた諸侯《しょこう》を領地に戻し、それぞれの領地の統治に専念させた。

文帝は自らも質素な生活をし、墓も大きなものはいらないと遺言した。墓は漢の歴代皇帝のなかでは最も簡素だが、仁徳の帝として最大級に称えられた。

6 漢《かん》の景帝《けいてい》——大反乱「呉楚七国の乱」を生んだ帝国の弱点

(本紀第一一巻 孝景本紀)

▼七国が起こした反乱

第一一巻は景帝(前一八八〜前一四一)についての巻である。文《ぶん》帝の死を受け、第六代皇帝に即位したのは、景《けい》帝である。

文帝の四人目の男子だったが、異母兄がみな早く亡くなったので、太子となっていた。

皇帝の座の継承はスムーズにおこなわれたが、景帝が即位して三年目に試練が襲った。前一五四年、呉《ご》と楚《そ》を中心にした七国が反乱を起こしたのだ(これを「呉楚七国の乱」という)。しかし、景帝は三ヶ月でこれを鎮圧した。この呉楚七国の乱は、漢《かん》帝国の弱点を突いたものだった。秦帝国時代の完全な郡県制ではなく、王国の存在を認めた郡国制の当然の帰結として、各国は独立色を強めていく。それが漢帝国への反乱というかたちで、ついに表面化したのである。

景帝は乱を鎮圧すると、王侯制度そのものは残したが、規制を強め、諸侯《しょこう》の弱体化をはかった。この結果、かたちの上では郡国制だが、実質的には中央集権化が進み、皇帝の権力は強化されていった。

在位七年にして景帝は亡くなった。

7 司馬遷《しばせん》――「史記」の作者が仕えた武帝の治世の功と罪とは？

（本紀第一二巻　孝武本紀）

▼司馬遷《しばせん》が生きた時代

「本紀」最後の巻となるのが武帝（前一五六〜前八七）の記録である「孝武本紀」。これは司馬遷にとっては「現代史」にあたる。漢王朝の中興の祖である武帝こそ、司馬遷《しばせん》（前一四五頃〜前八六頃）が仕えた皇帝なのだ。

景帝の死後、その後を継いだのが、前漢王朝で最も長い五四年にわたる治世となった武帝《ぶ》である。姓は劉《りゅう》、名は徹《てつ》。景帝の第九子だったが太子となり、一六歳のときに父が亡くなり、即位した。ちなみに、景帝には一四人の男子がいて、そのひとりに、中山靖王《ちゅうざんせいおう》・劉勝《りゅうしょう》がいる。彼は精力絶倫で知られ、子が百数十人いたという。その子孫が、後の三国時代に活躍する劉備玄徳《りゅうびげんとく》である。

武帝は即位したときはまだ少年といっていい一六歳だったので、当初は祖母の監督のもとでの治世だった。武帝が高官に登用した儒者《じゅしゃ》を、祖母が殺してしまうなどの事件もあったが、その祖母も六年目に亡くなった。二〇代半ばになっていた武帝は、祖母の束縛から逃れ、いよいよ実力を発揮していく。

武帝は景帝の進めていた中央集権化をさらに強化し、皇帝を頂点とした統治機構を完成させた。政府高官の任用権も宰相から取り上げ、皇帝のものとした。さらに、人材を広く求め、年齢や身分に関係なく有能な者を登用した。役人の競争意識も高めた。また、官僚養成機関として、皇帝直属の学校、太学《たいがく》も創設した。

画期的なのは、初めて儒者が高官に登用されたことである。これをきっかけに、儒教は国教化された。政治と学問の一体化である。儒教の徳目は、孝行や廉潔《れんけつ》で、これを実践したものが官吏《かんり》に登用されていく制度が作られた。儒教を学ぶことが出世につながるようになったのである。行政改革としては、これまであった地方行政単位の郡の上に州を置いた。全国は一三の州に分割され、各州に地方監察官にあたる刺史《しし》という役職の官僚を派遣し、郡守を監督させた。

▼元号の創造、外交の転換

皇帝の権力が強化された象徴のひとつとして、元号の創設がある。それまでは「○○皇帝の（即位から）×年」というように文書には記されていたが、前一一三年に元号をつけることが始まり、そこから遡《さかのぼ》って、武帝が即位した翌年、前一四〇年を「建元・元年」とするようになったのである。

人々は皇帝が定めた「時間」のなかで暮らすことを意識させられた。さらに、日常の時間としては、日本でも明治になるまで使われていた太陰暦のベースとなる太《たい》初暦《しょれき》を制定した。

武帝になって、政策的に大きく転換したものが外交だった。文帝・景帝の時代は匈奴《きょうど》に対しては和親政策をとっていたが、武帝は遠征軍を送り討伐に出た。何度もの討伐戦の結果、匈奴はゴビ砂漠より北に追いやられた。こうした功績もあって、「武」という諡号《しごう》が与えられたのである。また、対匈奴戦においては、西域の月氏《げっし》と共闘し、挟み撃ちにする作戦をとり、これをきっかけに、中国と西域地方との貿易や文化的交流が始まった。いわゆる、シルクロードができたのである。

たびかさなる遠征軍の出兵により、帝国の軍事予算は増大した。匈奴討伐以外にも、朝鮮半島や南越（いまのベトナム）に侵攻して滅ぼし、漢帝国の領土とした。文帝・景帝の時代は、民には減税し負担を少なくし政府は節約する「小さな政府」路線だったのが、ここにきて、「大きな政府」路線に転換した。それに伴い、税は重くなった。

さらに、国庫収入を増やすために、塩や鉄・酒を国営事業とし専売にした。流通も国家による統制が強まり、「大きな政府路線」の結果、民の生活は苦しくなり、社会は不安定になりつつあった。

かつて秦《しん》の始皇帝《しこうてい》のように、武帝もまた「不老不死」にとりつかれ、そのために散財をしたことも財政悪化につながった。自らが特別な存在であることを誇示するための大規模建築もおこない、始皇帝にならい、地方巡幸も始めた。このころから暴君化が本格化する。

　前九一年、聡明で知られていた武帝の太子・戻《れい》は陰謀にはまった。戻が武帝を呪《じゅ》詛《そ》していると讒言《ざんげん》した者がいて、武帝はそれを信じてしまったのだ。追い詰められた戻は、やむなく謀反を起こすが、鎮圧され、自害に追い込まれた。戻の母である皇后も自殺を命じられた。

　二人の死後、武帝は太子が無実だったことを知り、後悔の念にさいなまれたが、時すでに遅し。前八七年、武帝は七〇年の生涯を終えた。

COLUMN

『史記』に関係がある故事・格言

会稽《かいけい》の恥《はじ》を雪《すす》ぐ

呉と越は隣国同士だからこそ仲が悪く、何度も戦った。そのため、多くの格言が生まれた。

越の王が亡くなり、その混乱につけこんで呉が攻め入るが大敗し、呉の闔閭は戦いで受けた傷が原因で亡くなり、息子の夫差が復讐を誓う。呉が復讐の機会をうかがっていることを知っていた越の勾践は先に呉に攻め入ろうとするが、返り討ちにあい、今度は越が大敗し、会稽《かいけい》山に逃げた勾践は恥をしのんで許しを請う。こうして越は滅亡を免れ、勾践は表向きは呉に恭順《きょうじゅん》した。

しかし、彼もまた復讐心に燃えついに呉を倒した。これを、「会稽の恥を雪《すす》ぐ」といい、以後「復讐すること」のたとえとなった。

鼎《かなえ》の軽重《けいちょう》を問う

鼎とは鼎は、古代中国で食物を煮るのに用いた両耳のようなものの付いた三足の青銅器で、王位、帝業の象徴ともされた。

楚《そ》の荘《そう》王が、晋《しん》の景公を破り絶頂にあったとき、周からの使者に「伝え聞く周の鼎の大きさと重さは、どれくらいのものなのであろうか」と言った。つまり、周王朝の権威と実力を疑ったわけである。だが、「周はたしかに衰えているとはいえ、天命はまだ周にあります。したがって、鼎の軽重を問うことはできません」と返答され、天命に逆らうことに畏《おそ》れを抱いた。

このことから、統治者を軽んじ、これを滅ぼして天下を取ろうとすることや、人の実力を疑って、その地位をくつがえそうとすることを「鼎の軽重を問う」というようになった。

覆水盆《ふくすいぼん》に返《かえ》らず

盆からこぼれ落ちた水は、土に染み込んでしまうので、もう戻すことはできない——つまり、一度失敗したこと、一度こわれた関係はもとにもどらない、という意味でよく使われるが、これは太公望の言葉だ。

周の文王と出会ったときの太公望は貧乏な身なりの老人だったが、彼は本当に貧乏だった。あまりに貧しいので妻は逃げてしまった。ところが、周で出世し声望が高まると、その逃げた妻が戻ってきて復縁を申し出た。そのとき、太公望は、「覆水盆に返らず」と言うのである。

呉越同舟《ごえつどうしゅう》

呉と越は長く対立していたが、隣国同士なので、人びとの交流は頻繁だ。

呉と越の人がたまたま同じ舟に乗り合わせたときに嵐がやってきて、互いに協力して助け合ったという故事から、敵同士が一時的に休戦して協力しあうことを「呉越同舟」というようになった。いまでは単に「仲の悪い者同士、あるいは敵同士が同じ場所に居合わせること」をいう場合が多い。

臥薪嘗胆《がしんしょうたん》

これも呉越の戦いから生まれた言葉。

越の勾践は呉に負けると、その恨みを忘れまいとして、とても苦い動物の肝《きも》を干したものをつるし、それを食事のたびに嘗《な》めることにした。一方、呉の夫差は父の恨みを忘れまいと、薪の上で寝起きしていた。敵味方双方とも、「目的を遂げるために自らに厳しい試練を課して、長い間苦労や努力した」ことから、そういう苦労のことを「臥薪嘗胆」という。

管鮑《かんぽう》の交《まじ》わり

管仲《かんちゅう》と鮑叔《ほうしゅく》牙《が》の交流から、親友関係のこと。

管仲と鮑叔はともに斉《せい》の人で、非常に仲がよかった。若いときには共同出資で商売をし、管仲が利益を多く取ったが、鮑叔は「彼は家が貧しいから」といって非難しなかった。

一緒に戦地へ行くが、管仲は三度まで逃げ帰っても、鮑叔は、「彼には老母があるからだ」と卑怯者だと言わなかった。

鮑叔は管仲をよく理解し、どんなことをしても怒らなかったので、管仲が深く感謝して「私を生んだのは父母であるが、私を知っているのは鮑叔だ」といった。

このように深い友情と信頼があったので、鮑叔牙は管仲を助けたのである。

完璧《かんぺき》

趙《ちょう》の恵王が所有する名玉「和氏《かし》の璧《たま》」を秦《しん》の昭王が欲しがり、一五の城との交換を強要した。この交換条件が履行されず、玉が取り上げられたままになるのは明らかであったが、このとき秦に使した藺相如《りんしょうじょ》の命をかけた働きで、璧を完《まっと》うすることができた。

この「璧を完うする」ことが転じて、少しのきずもない玉、完全無欠なものをいうようになった。さらに、人から借りた物を返すこと、だいじな物を取り返すこともいうが、これは現在の日本では使われないだろう。

四面楚歌《しめんそか》

項羽と劉邦の戦いの最終局面、敗れた項羽の楚軍は防塁に籠り、漢軍はこれを幾重にも包囲した。

その夜、項羽は四方の漢の陣から楚の歌が聞こえてくるのを聞いて、自分の敗北を悟ったことになっている。

このことから、敵や反対する者に囲まれて孤立することを四面楚歌と言うようになった。

前述のようにこのエピソードは謎も多い。

敵である漢の歌が四方から聞こえてきたのなら、敵に包囲されたことになるが、項羽の故郷の歌なのだ。項羽が漢に囲まれていることを知っているとわかった上で、劉邦は捕虜にした楚の兵士たちに故郷の歌を歌わせ、みな敵側にいると思わせたという説もある。

酒池肉林《しゅちにくりん》

ぜいたくをきわめた酒宴のことを「酒池《しゅち》肉林《にくりん》」というが、それを最初に実行したのが紂王である。池を酒で満たし、木々に肉をぶらさげ、さらに、その肉の林のあいだに、裸の男女を走らせてそれを見物したという。

宋襄《そうじょう》の仁《じん》

宋の襄公が楚《そ》と戦ったとき、人の困っているときに苦しめてはいけないと言って、敵に情けをかけたために負けたことから、つまらない情けをかけてひどい目にあうこと、あるいは「意味のない情」や「時宜を得ない哀れみ」をあらわすときに使う。

背水《はいすい》の陣《じん》

漢の名将韓信《かんしん》が趙《ちょう》の軍と戦ったときに、不利とされる川を背にした陣をとり、味方に退却できないという決死の覚悟をさせ、敵を破ったことから、一歩もひけないような絶体絶命の状況のこと、あるいはそういせっぱ詰まった状況・立場で、必死の覚悟で事にあたることを言うようになり、全力を尽くすことのたとえともなった。

第二部 『三国志』の全貌

■『三国志』の時代

三皇五帝の時代

夏

殷（前17c～前11c）

周（前1046頃～前256）

〈西周〉

〈東周〉 春秋戦国（前770～前221）

秦（前221～前206）

前　漢（前202～後8）

新（8～23）

後　漢（25～220）

三国時代（220～280）

西晋（265～316）

東晋（317～420）　五胡十六国（304～439）

南北朝（439～589）

一章　『三国志』　血湧き肉踊る人間ドラマ

まずは、百年近くにわたる三国時代の主なできごとを、時間軸にそってみていくことにしよう。いわば、「三国志」のあらすじだ。

中国も日本と同様、元号というものがある。だが、それで記すと、時間の感覚がよく分からないので、以下、西暦で年はあらわす。もちろん、この時代、西暦など誰も（ヨーロッパですら）使っていない。

登場人物については二章で主要人物について詳しく紹介するので、ここではそれぞれのキャラクターには簡単にしかふれない。また、戦いや戦略についても、別の章を設ける。この章では、あくまで大まかな「流れ」を知ることを目的とする。複雑になるので、登場人物もかなり省略してあることをおことわりしておく。

▼▼▼1

漢帝国滅亡の原因になったのは、宦官《かんがん》？　官僚？　外戚？

「演義《えんぎ》」とそれをベースにした小説・コミックでは、主人公は劉備玄徳《りゅうびげんとく》である。だが、ほとんどの小説・コミックも、劉備玄徳が歴史の表舞台に登場するよりも前の話から始まる。大河《たいが》小説というものは、大河の源流から始まるものなのだ。

その源流にあたるのが、黄巾《こうきん》の乱という、中国全土で戦われた内乱。

その黄巾の乱を知るには、さらにその前に遡らなければならない。あまり遡り過ぎると、黄河《こうが》文明発祥まで戻ってしまうので、ここは三国時代の前の漢王朝をおさらいするだけにしておこう。

中国の最初の統一王朝である秦が短命に終わると、動乱の時代となる。それを平定した劉邦《りゅうほう》が打ち立てたのが、漢王朝。紀元前二〇二年のことである。これが約二百年続くのだが、西暦八年に、漢王朝は王莽《おうもう》によって滅ぼされる。こうして、新《しん》という王朝ができるのだが、これは十五年しか続かず、またも動乱。そして、これを平定したのが、劉邦から数えて九代目の子孫にあたる劉秀《りゅうしゅう》。二五年、劉秀は皇帝に即位し、漢王朝を復活させる。

この復活した漢王朝のことを、最初のものと区別するために、後漢《ごかん》、最初の劉邦が始めたものを前漢《ぜんかん》と、いまでは呼んでいる。ちなみに、劉邦は「漢の高祖《こうそ》」、劉秀のことを「光武帝《こうぶてい》」と呼ぶ。

こうして、できた後漢王朝だが、皇帝がしっかり統治していたのは、最初の三代

■後漢王朝系図

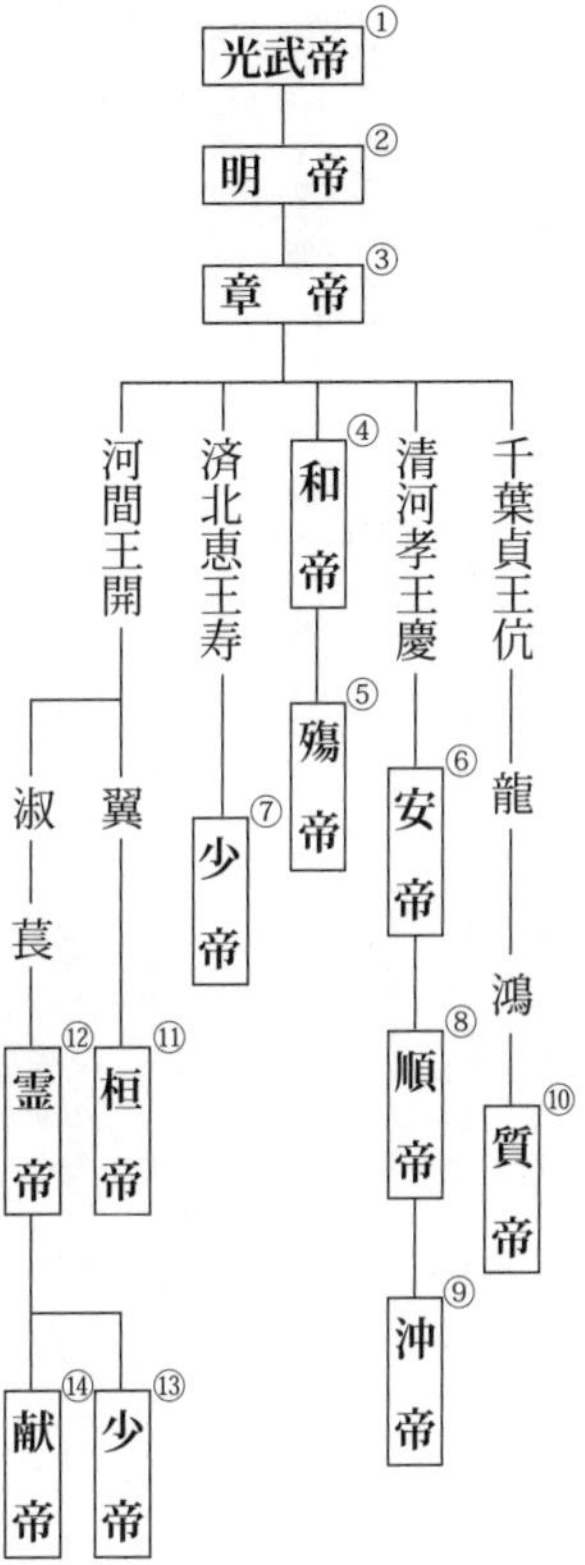

までだった。四代目がわずか十一歳で即位すると、実権は、皇帝の母の実家、つまり外戚《がいせき》が握るようになった。日本でいう藤原氏みたいなものだ。以後は、幼い皇帝、なかには一歳にもならない皇帝まで登場するようになり、政治の実権は皇帝から外戚へと移った。

皇帝が単なる飾り物となると、外戚だけでなく、官僚たちもしたい放題となる。さらには、中国の宮廷には、宦官《かんがん》という存在があった。皇帝や皇后たちの身の回りの世話をする男たち、いわば側近なのだが、彼らは宦官になる段階で、生殖器を切り落とされている。後宮の女たちに手を出せないようにするためである。男としての楽しみがない宦官たちは、財を蓄えることや、権力を握ることに欲望を見出す。皇帝が生まれたときからそのそばにいて面倒を見ているので、皇帝がいちばん頼りにするのは、宦官でもあった。そこにつけこみ、自分の意のままに皇帝を動かす宦官が現れる。

こうして、外戚、官僚、宦官たちが、それぞれ勝手に動き、それぞれの私利私欲を追い求めるようになった。上が乱れれば、下も乱れる。各地の役人たちも腐敗し、賄賂をもらうのは当たり前。庶民の暮らしは厳しくなる一方だった。

そんな世の中に対し、これでいいのか、と立ち上がった者たちがいた。

2 「黄巾《こうきん》の乱」は誰がどんな目的で蜂起したのか

そんな時代に、立ち上がったのが、黄巾賊という宗教結社だった。これはもとは道教《どうきょう》の一種である太平道《たいへいどう》という宗教団体。それが軍事力を持つようになり、一大勢力となった。

リーダーは張角《ちょうかく》、張宝《ちょうほう》、張梁《ちょうりょう》という、三兄弟。

兄の張角が、あるとき老人と出会い、「太平要術《たいへいようじゅつ》」という書をもらったのがそもその始まり。その書を読んで学んだ張角は、風を起こしたり雨を降らしたり、さらには病人も治せるようになり、太平道という結社をつくった。

ときは後漢末期。政治は乱れ、自然災害もあり飢饉が続出し、人々は苦しんでいた。そこに登場した新興宗教である太平道に、救いを求める人が増えた。そして、いつのまにか数十万もの信徒数をほこるまでになる。

最初は相手にしていなかった宮廷も、巨大教団の出現に脅威を感じ、弾圧を始めた。張角らはそれに反発するとともに、いっそのこと、国を乗っ取ってやろうと考えるようになった。

そこで、後漢のシンボルカラーが赤だったので、それに対抗して、黄色をシンボルカラーとし、黄色い布を頭に巻いた。バンダナみたいなものだ。そのため、彼らは黄巾賊と呼ばれたのである。そもそも、中国には陰陽五行説《いんようごぎょうせつ》という考えがあり、この世は、木、火、土、金、水の五つで成り立つとされていた。太平道が黄色を選んだのは、後漢王朝は火の王朝（つまり赤）だったので、次は土の王朝（つまり黄色）に替わる、という考えがこめられていたのだ。

一八四年、黄巾軍はついに一斉蜂起した。貧しい人々の集団に、盗賊なども加わった。漢王朝に不満を持つ者たちが結集したのだ。

黄巾軍は、当時の首都である洛陽《らくよう》にまで迫ってきた。最初は甘くみていた宮廷も、しだいに焦り始める。皇帝は幼いし、実権を握っている外戚や官僚、宦官たちも、それぞれバラバラなので、誰も責任をもって対処できない。だいたい、彼らは闘い方を知らない。

そこで、黄巾賊（宮廷側からみると、彼らは「賊」だった）討伐軍の司令官として、いったん失脚し追放されていた優秀な官僚たちが呼び戻された。

そのおかげもあって、大乱は一年ほどで終息する。太平道のリーダーだった張角は戦死した。だが、宗教結社というものは、しぶとい。各地で残党が戦い、また、別の勢力も決起するようになり、中国各地で騒乱が起きていた。

「三国志」の主人公三人が出会うのは、こんな時代だった。

3 劉備《りゅうび》、関羽《かんう》、張飛《ちょうひ》が出会った「桃園の誓い」とは？

「三国志」の主人公は劉備玄徳《りゅうびげんとく》と、関羽《かんう》、張飛《ちょうひ》の三人だと思っている人は多いが、これはあくまで「演義」での主人公だ。劉備玄徳はたしかに「正史」でも主役のひとりだが、関羽や張飛は、その部下でしかないので、「正史」では脇役である。

しかし、一般に知られる「三国志」の物語では、この三人が主役であり、この三人の出会いから、物語は本格的に動き出す。

ときは、黄巾の乱のさなか。幽州《ゆうしゅう》の・涿《たく》郡・涿《たく》県に、劉備という、ワラジ作りをしている青年がいた（二五二頁参照）。彼は幼いときに父を失い、母と暮らしていた。家は貧しかったが、気位は高かった。それもそのはず、劉備は、皇帝の末裔だったのだ。

劉備玄徳のルーツは、前漢の時代の皇帝、景帝《けいてい》までたどることができる。景帝の庶子で、その次の武帝の異母弟にあたる中山靖王《ちゅうざんせいおう》劉勝《りゅうしょう》の子孫なのだ。とはいえ、この劉勝という人、生涯に一二〇人もの子供を生ませたという精力絶倫の人。劉備玄徳は、それから三百年近く後に生まれたわけだが、おそらく、劉勝の子孫は、その時点で数千人、もしかしたら万をこえていたかもしれない。さらには、劉勝は人物として優れているとはけっして言えない人だったので、客観的にみると、劉勝の子孫であることは、そんなに威張れるものではない。

しかし、漢王朝の血筋を継いでいることは間違いない。劉備はそのプライドを捨てずに生きていた。そこに、動乱の時代がやってきた。無名の青年が名をなし、身を立てるのに絶好の機会だ。

劉備は黄巾の乱で、宮廷軍側に参加し、出世の機会をうかがうことにした。そのときすでに、彼は二人の豪傑を従えていた。関羽（二六二頁参照）と張飛（二六五頁参照）である。

どうやって三人が出会ったのかは、諸説様々。なかでも、もっともよく知られているエピソードは、劉備が黄巾賊に襲われた豪族の娘を助けようとして、逆に捕えられてしまったときに、それを救ったのが、おたずね者だった関羽と、肉屋をしていた張飛、というもの。娘を助けた後、三人は意気投合し、花ざかりの桃畑で酒を酌み交わす。そして、義兄弟の誓いを立てるのである。

「われら同年同月同日に生まれざるも、願わくば、同年同月同日に死のう」

これが、「演義」冒頭部分のエピソードとして有名な「桃園《とうえん》の誓い」。だが、「正史」にはこんな場面はなく、完全なフィクションのようだ。

この三人が、実際にどこでどう知り合ったのかはよく分からないのである。しかし、三人が、主従の関係ではありながらも、義兄弟の契りを交わした仲だったことは確かなようで、そのことから、この「桃園の誓い」というエピソードが創作され、「三国志」冒頭の名場面のひとつとなった。

さて、宮廷の悪政も庶民を苦しめたが、黄巾賊もまた、略奪をして民衆を苦しめていた。正義はどちらにあるのか。漢王朝の血を受け継いでいる劉備としては、黄巾賊側につくことはできない。彼らは黄巾賊討伐軍に加わることにした。

黄巾賊は、もともと盗賊のような集団だったので、「正義」がなかった。後漢王朝への庶民の不満の吐け口となり、一時的に勢いは得たが、明確な戦略があったわけでもなかった。結果的には「乱」として終わり、天下の趨勢《すうせい》を決めることにはならなかった。だが、この乱のおかげで、後漢王朝はいよいよ末期的症状をみせることになる。

4 人望のなかった董卓《とうたく》に巡ってきたチャンス

四年続いた黄巾の乱は、張角が病死し、張宝、張梁の二人も相次いで戦死したことから、鎮圧された。その後も残党が各地で乱を起こし、完全に終わるのは一九二年とされている。

その間、都では新たな権力者が生まれていた。董卓《とうたく》である。この人物、客観的なはずの「正史」でも、かなりの悪人として記述されている。

もとは腕力の人。地方官として、異民族討伐の任にあたっていた。黄巾の乱が起こると、これまでの実績を買われ、近衛軍司令に任じられ、張角軍と闘う。このとき、劉備玄徳《りゅうびげんとく》、関羽《かんう》、張飛《ちょうひ》らは、董卓軍の戦列に加わり、董卓を助ける。最初は劉備たちに感謝した董卓だったが、彼らに何の官位もないと知ると、とたんに威張り散らしたので、三人は、董卓軍を離れることにした。人物として董卓を見限ったのである。その後、董卓軍は黄巾賊に惨敗し、一度は失脚してしまうが、西方で力を蓄え、復権のときがくるのを狙っていた。

こんな董卓が権力を握った背景には、宮廷内部の権力争いがあった。

霊帝が亡くなると、皇帝の後継をめぐり、劉弁《りゅうべん》と、その弟である劉協《りゅうきょう》のどちらにするかで、宮廷内部で意見が対立した。二人は兄弟といっても、母親が異なる。兄の劉弁の母親の一族は、当然、劉弁を皇帝に即位させようとした。一方、弟の劉協には宦官《かんがん》がついていた。外戚と宦官との対立だった。

結果的には兄である劉弁が皇帝となり、その母の兄である何進《かしん》が、外戚として実権を握った。

権力を握ると、何進は邪魔な存在である宦官たちを一掃しようと企み、リーダーを処刑してしまった。

宦官側は、何進の狙いが自分たちを殲滅《せんめつ》させることだと知ると、動揺した。そして、このままでは滅ぼされると、先手を打つことにし、機会をうかがい、逆に何進を斬ってしまう。それに激怒した何進側の武将、袁紹《えんしょう》（二八〇頁参照）らは、宮廷に火を放ち、宦官を片っ端から斬っていった。追い詰められた宦官は、皇帝とその弟を連れて、都である洛陽を命からがら脱出する。

このことだけでも、すでに皇帝に何の権力も権威もないことが分かるが、こうして逃げ出した皇帝とその弟を助けたのが、董卓だったのである。

董卓は、もともとは何進の命令に応じて、宦官絶滅作戦に参加するために、洛陽に向かっていたところだった。しかし、都が燃えているのを見て、どうしたものかと様子を眺めていた。そこに、皇帝兄弟が転がり込んできたのである。

日本史でも、天皇を味方につけたほうが、「正しい」とされるが、中国も同じ。皇帝を手中に収めた董卓は、権力を握ったも同然だった。

こうして、偶然のチャンスをものにした董卓は、幼い皇帝を戴《いただ》いて、洛陽に乗り込んだのであった。

しかし、偶然によって権力を手にした董卓には、国を治める能力もなければ、ビジョンもなかった。彼は、ひたすら、私利私欲を追求するようになる。

5　反董卓連合軍はなぜ空中分解したのか

一八九年、董卓は権力を握ると、皇帝劉弁を廃立《はいりつ》させ、その異母弟である劉協を皇帝の座につけた。この皇帝が、後漢王朝のラストエンペラー、献帝《けんてい》となる（一八七頁参照）。

この皇帝交代劇によって、董卓は、真の権力者が自分であることを天下に示したのだ。

皇帝の座ですら自分の思いのままにするぐらいだから、宮廷の要職もみな董卓の親しい者たちに交代させられ、董卓に反対する者は追放されていった。さらに、董卓は、宮廷にいた女を手当たりしだい犯し、財宝も自分のものにし、さらには歴代の皇帝の墓を暴き副葬品を強奪するなど、考えられる限りの悪行を重ねた。

当然、そんな董卓を倒そうという動きが出てきた。

先頭に立ったのは、かつて何進の部下で、宦官を根絶やしにしようと、宮廷に火を放った袁紹《えんしょう》である。彼は、董卓が実権を握った洛陽の都にはいられないので、故郷の河北に帰っていた。その他の各地の武将たちも、このまま董卓の思いのままにはさせない、との思いで、それぞれ力を蓄えていた。

やがて、袁紹のもとに、そうした武将たちが結集していく。そのなかに、「三国志」の主人公のひとり、曹操《そうそう》（二五五頁参照）もいた。

西暦一九〇年、ついに反董卓連合軍は都である洛陽を包囲した。

だが、それぞれの武将たちは、牽制しあい、なかなか兵を動かさない。リーダーである袁紹には人望がなかった。連合軍といっても、彼を次の権力者にしようと思って集ったわけではなかった。董卓の横暴が気に入らないので集っただけの、あくまで「反董卓」でしかなかった。さらに全員が、あわよくば、自分が天下をとろうとさえ思っていたので、先に闘い、兵力を消耗させては損だとも考えていた。

この点が、日本史での、関ヶ原の戦いでの徳川側、つまり東軍とはだいぶ違う。

■反董卓連合軍に参加した各地の武将たち

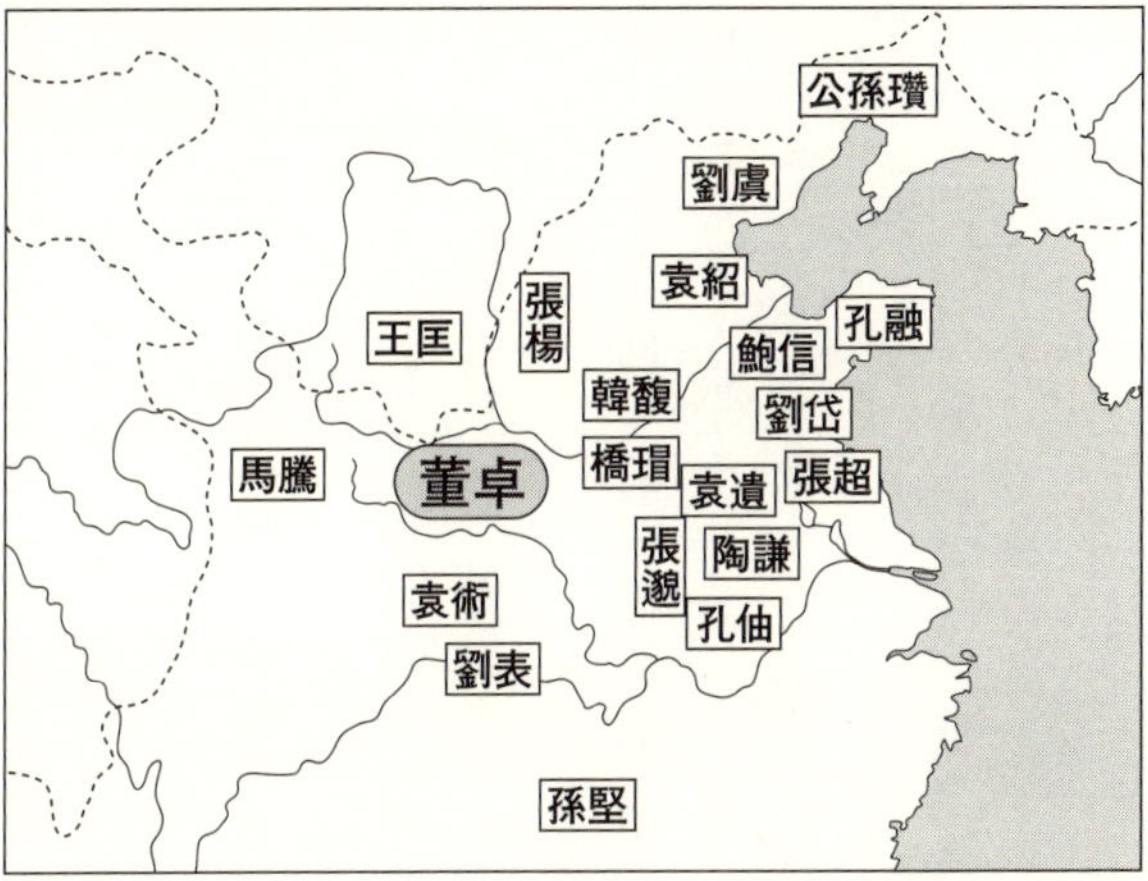

関ヶ原では、東軍が勝てば家康の天下になるという意識が参加した武将たちに明確にあり、闘いの後に樹立されるであろう徳川政権で少しでもいい地位に就こうと、家康のために一生懸命に闘った。

だが、反董卓連合軍の武将たちの間には、その後に袁紹が政権を握るという合意までは得られていなかった。

こうして、小競り合いはあっても、全面的な闘いにはならず、睨《にら》み合いが続く。そうこうしているうちに、危険を察した董卓は、洛陽を捨て、長安に遷都することにした。

董卓軍は皇帝を連れて長安に向かった。だが、連合軍はそれを追撃もしなかった。数の上では圧倒的に優位なのに、全体を統率する者がいなかったので、闘いらしい闘いもなかった（そのなかで有名なのが、「汜水関《しすいかん》の戦い」。これについては、二九〇頁を参照）。

こうして、連合軍は自然解散のかたちになってしまったのだが、やがて、そのなかから頭角をあらわす者が出てくる。

6　曹操《そうそう》と袁紹《えんしょう》……友人同士の激突

空中分解した反董卓連合軍の武将たちは、それぞれの領地へ戻り、力を蓄えることになった。董卓のような人間でも権力をほしいままにできるということは、自分にも、チャンスがあったら、天下を握れることを意味していた。そのことに、武将たちは気づいたのだ。

かくして群雄割拠の時代となる。

そのなかで頭角をあらわすのが、曹操である。

曹操は、反董卓連合軍の名目上のトップだった袁紹の陣に参加していた。二人は同郷で幼馴染《おさななじ》みだったが、袁紹は名家の生まれだったので、威張っていた。二人が決裂するのは、董卓が洛陽から長安に遷都した際に、曹操が「断固として追撃すべき」と進言したのに、袁紹がそれに耳を貸さず、総攻撃を命じなかったからだ。袁紹は、もともと「戦いを好まぬ武人」として知られていた。力と力の激突よりも、根回しや謀略を好んだのだ。その点でも、曹操とは気が合わなかったのであろう。

曹操はやむなく、自分の手勢だけを率いて董卓を追撃するが、敗れてしまう。それでも諦めない曹操は、再度、袁紹に「董卓を討つのは今だ」と説くのだが、それも拒否される。こうして曹操は、袁紹のもとを去った。

この曹操の行動は、しかし、漢王朝のために先頭に立って闘ったとして、一部の知識階層には高く評価された。

袁紹は名家の出身だったが、曹操は、祖父が宦官（その養子が父）だったので、身分は低い。袁紹は大の宦官嫌いでも知られ、皇帝の外戚であった何進が宦官殲滅戦を仕掛けたときは先頭に立った。このあたりも、二人がやがて敵味方となる伏線だった。

さて、曹操が「名士」と呼ばれる当時の知識人に認められるきっかけとなったのは、その名士のひとり、荀彧《じゅんいく》（二七五頁参照）が曹操の陣営に参加したからである。荀彧も袁紹の陣営にいたのだが、人物として見切りをつけて、曹操の参謀になったのだった。

荀彧という後ろ盾を得たことにより、曹操の行動には正統性が認められることになり、他の名士たちも、曹操の陣営に加わっていく。荀彧は、さらに、曹操に後漢王朝を守ることが天下をとることになるという戦略も授けた。

こうして群雄割拠のなか、曹操は台頭していくのだった。

7 どうして呂布《りょふ》は裏切って董卓を殺したのか

一九〇年に都を長安に移してからも、董卓の暴政は続いた。反董卓軍が瓦解《がかい》したのをいいことに、相変わらずのしたい放題だったのだ。

しかし、その董卓を倒したのは、外からの敵ではなく、身内、それも父子の契りまで交わした腹心の部下、呂布《りょふ》（二八四頁参照）だった。

この呂布という男こそ、「三国志」前半の最大のキーパーソンともいえる。

弓馬の名人で、腕力もとてつもなく強い武人だった。そんなわけで、権力者には重宝されるのだが、問題はその生き方。とにかく、裏切りにつぐ裏切りで、主君を次々と変えた。

世渡り上手といえばそうだし、いきあたりばったりの人生といえばそうともいえる。

最初に仕えたのは、丁原《ていげん》という地元の有力者。この丁原に気に入られ、養子になった。その丁原が何進《かしん》の招聘《しょうへい》を受けて都に上ったので、それに従って一緒に都へ行く。

だが、すでに都は董卓が実権を握っていた。丁原は董卓のやり方に反対していたので、それを察した董卓は、敵になる前に倒してしまおうとする。それには、豪傑で知られる呂布が邪魔だった。そこで、呂布のもとに使者を出し、董卓側に寝返ることを奨める。呂布は、あっさりとその誘いに乗り、義理の父である丁原を殺してしまった。そして、丁原の首を持って董卓のもとに行き、仕えることにしたのである。

呂布は董卓とも義理の父子となったが、またも裏切り、二度目の「父殺し」をすることになる。

呂布をそそのかしたのは、司徒《しと》という、いまでいう総理大臣のような役職に就いていた王允《おういん》。彼は、董卓のあまりの悪逆暴政に、このままでは漢王朝の将来がなくなると恐れていた。

といって、自分には腕力がなく、董卓を倒そうとすれば、そのそばにいる呂布によって返り討ちにあうのは目に見えていた。そこで、連還《れんかん》の計《けい》という謀略（三二八頁参照）によって、董卓と呂布の義理の父子の仲を裂き、呂布が董卓を殺すように仕向けた。

王允が使ったのは、「女」だった。史実としては諸説あって、はっきりしたことが分からないのだが、一人の女性を二人が奪い合い、それが原因で、呂布が義理の父である董卓を裏切り、殺してしまったのは確からしい。こうして、王允のクーデターは成功した。一九二年のことだ。

だが、董卓が死ぬと、その部下たちが反撃に出た。王允による権力掌握は、ほんのいっときにすぎなかった。形勢不利と見た呂布は、王允を見捨て、今度は袁紹のもとに向かった。王允は、董卓の部下たちによって殺されてしまい、三日天下で終わった。

ともあれ、呂布の裏切りによって、長安でやりたい放題をしていた董卓は殺された。時代はいよいよ、乱世に突入していく。

8

曹操が権力を握れた本当の理由

董卓《とうたく》が倒れ、それを倒した王允《おういん》の政権も三日天下に終わると、皇帝である献帝《けんてい》は、もともと無理矢理に遷都させられたので好きではなかった長安から、もとの都である洛陽に戻ることにした。

ところが、かつての都、洛陽は荒れ果て、とても都とは呼べない状況になっていた。いまの後漢王朝には、この都を再建させる力はまったくなかった。それどころか、献帝自身の食糧すら、手に入れることが困難な状態だった。

各地で勢力を蓄えている武将たちは、もはや後漢王朝のことなど忘れ、自分の権勢の拡大しか考えていなかった。そんなところに、曹操が献帝に救いの手を差し伸べたのである。

曹操とて、後漢王朝に対して、それほど忠誠心が篤かったわけではない。参謀の荀彧《じゅんいく》のアドバイスで、皇帝の権威を借りることで、権力を握る戦略をとることにしたのだった。

もはや誰も頼る者がいない献帝は、曹操の申し出を受け入れ、曹操の領地である許昌《きょしょう》に都を遷すことにした。一九六年のことで、またも遷都である。

都となる以上、宮殿も必要だし、政府の役所も建てなければならない。曹操は突貫工事で都の建設をした。当然、これらの建設費はすべて曹操の負担となった。だが、その経済的負担の見返りとして、曹操は権力を掌握したのである。まず、自分を大将軍《だいしょうぐん》に任命させ、配下の者たちを政府の要職に就けた。

統治能力のない献帝自身には何の権力もなかったが、権威はあった。有能な者が皇帝の権威を後ろ盾にすれば、そこには強大な権力が生まれる。もはや後漢王朝など、何の権威も権力もない形骸化《けいがいか》したものだと思っていた他の武将たちは、曹操が皇帝の名のもとに権力をふるいだすのを見て、悔しがった。

なかでも、曹操の幼馴染であり、かつては曹操を部下にもしていた袁紹はおもしろくなかった。

袁紹には、家柄の点でも、自分のほうが上だという意識があった。そこに追い討ちをかけるように、皇帝が、つまりは曹操が、袁紹を大尉《たいい》に任命するといってきた。

大尉は常設のポストとしては政府の役職の最高位のひとつで、国防大臣にあたる。曹操が就任していた大将軍は非常設のポストなのだが、いずれにしろ、曹操の部下になることを意味した。もちろん、袁紹には受け入れがたかった。

位の上下の問題もあったが、曹操が自分に命令してきたことが、袁紹には許せなかったのだ。しかし、形は皇帝からの任命である。これを拒めば、王朝に逆らうことにもなる。

曹操との駆け引きの結果、曹操が司空《しくう》という建設大臣のようなポストに就き、袁紹が大将軍になることで、とりあえず、人事問題は落ち着いた。

だが、袁紹としてはこのままではいられない。

ついに、二人は激突する。それが、西暦でいう二〇〇年の「官渡《かんと》の戦い」だった。

いわば、天下分け目の戦いである。これに勝利したことで、曹操は覇者となったのである（二九八頁参照）。

9 覇者・曹操を相手になぜ孫権《そんけん》は戦いを決断したのか

曹操が自分のものにしたのは、中国大陸の南北方向でみると中央にあたった。その北に袁紹がいたが、南にも敵がいた。孫策である。

曹操と袁紹が官渡の戦いで争っている隙に、南の孫策は北上し、都である許昌を制圧し、皇帝を奪い、自ら権力を握ろうと考えた。曹操は北と南の両方と戦わなければならなくなったのである。

ところが、その孫策が、いよいよこれから侵攻だ、というまさにそのときに暗殺されてしまう。二六歳の若さであった。孫策の死によって、曹操は袁紹との戦いに専念できるようになった。

官渡の戦いは曹操の勝利で終わったが、袁紹軍との戦いはまだ続いていたのである。袁紹が病死した後も、その三人の子が抵抗し、曹操が完全に勝利するまでには、七年の歳月を必要とするのだった。

孫策の後を継いだのは、弟の孫権（二五八頁参照）である。孫権は戦うことよりも、統治能力のほうに優れていた。そのことをよく知っていた兄の孫策の遺言で、孫権は当分の間は外に攻めて出るのではなく、内政に力を注ぎ、国力を蓄えることにした。

だが、二〇八年、孫権の恐れていた事態が起きる。袁紹の遺児たちを倒した曹操が、南下を始めたのである。

孫権の陣営は、あくまで曹操と闘うか、あるいは降伏するかで意見が分かれた。曹操が皇帝を奉戴している以上、それと闘う大義名分がないとして降伏を主張する者と、徹底抗戦すべきとする武闘派とに分かれたのだ。孫権は、気持ちの上では抗戦派だった。

孫権の陣営のなかで、主戦論《しゅせんろん》を唱えた一人が、周瑜《しゅうゆ》（二七八頁参照）だった。周瑜は、孫権にとって兄のような存在の盟友だった。

彼は後漢王朝で大尉をつとめた名門の出身で、後漢王朝には、人一倍の忠誠心があった。そのため、曹操が皇帝を操っている現状をどうにかしたいという思いもあったのである。

曹操を倒し、漢王朝を正しいかたちに戻す。これが周瑜にとっての大義名分となった。周瑜は孫権に、陸戦では負けるが、水戦ならば勝てる、とも進言した。孫権は、曹操軍との戦いを決断した。

そこに、合流するのが劉備玄徳である。

10 この間、劉備と関羽、張飛は何をしていたのか

これまでみてきた歴史ドラマには、「三国志」の主人公のはずの劉備とその義兄弟である関羽と張飛は表舞台には登場していない。彼らが本当に活躍するのは、かなり後になってからだ。

劉備には関羽、張飛をはじめとする家臣団はすでに形成されていたが、領土もなく、いわば傭兵として、あちこちの陣に参加し、手柄を立て、わずかの領地をもらったりしていた。

公孫瓚《こうそんさん》という幽州《ゆうしゅう》の将軍に客将《きゃくしょう》として迎え入れられたのが、劉備が歴史に登場

するきっかけとなった。そして、曹操に攻められていた徐州《じょしゅう》の陶謙《とうけん》の加勢に行ったことで、劉備は、陶謙の死後、徐州の牧となる。牧というのは、いまの日本でいう県知事のような役職だ（このあたりの詳しい経緯は、二九二頁の「兗州《えんしゅう》争奪戦」の項を参照）。

だが、これで落ち着いたわけではない。劉備は、その後、呂布と同盟を結んだかと思うと裏切られ、曹操とともに「下邳《かひ》の戦い」で呂布を倒す（二九四頁参照）。その次には、曹操打倒のクーデターに参加するも、それが発覚したので逃亡。そして、袁紹の陣営に加わるという、波乱の道を歩む、といえばかっこいいが、いきあたりばったりの、かなりいいかげんな生き方ともいえる。

劉備の流転《るてん》の運命はまだ続く。同盟を組んでいた袁紹が曹操に敗れてしまうと、劉備たちは、荊州《けいしゅう》の劉表《りゅうひょう》のもとに逃れ、ここに落ち着いた。これが二〇一年のことだった。

この間、多くの戦いに参加したわけだが、勝ったり負けたりであった。だが、動乱の時代にありながら、劉備が家臣団を維持しつつ生き抜いたことは確かで、これは、それなりの人望と実力がなければ不可能だった。

たしかに、歴史の表舞台での主役でこそないが、この時期の劉備にも、それなりのドラマがあるわけで、彼を中心に描かれる「演義《えんぎ》」を読むと、ずっと活躍しているように思える。

さて、劉備が身を寄せた劉表だが、彼はなかなか優れた戦略家で、荊州を中立の独立国として維持していた。曹操と袁紹が争っていたときに、どちらにもつかなかったのである。

だが、こちらにその気がなくても、曹操がいつ攻めてくるか分からない。劉備は曹操軍の侵攻に備えるための北の守りをまかされることになった。

だが、曹操はさらに北での袁紹との戦いに忙しく、攻めてはこない。平和といえば平和だが、劉備たちにとって退屈な日々が続くことになる。

この時期の劉備が、その心境を語ったのが「髀肉《ひにく》の嘆《たん》」（三六〇頁参照）という言葉として、今日も使われている。何もしていないので、太腿《ふともも》に肉がついてしまったという嘆きだ。

その嘆きが届いたのか、やがて劉備は一人の男と運命的な出会いをする。

11 諸葛孔明《しょかつこうめい》が劉備の陣営に加わった経緯

平和な日々の間に、劉備の生涯にとって、もっとも重要な出会いがあった。それが、「三顧《さんこ》の礼《れい》」（三六一頁参照）という言葉とともに知られる、諸葛孔明（二六七頁参照）との出会いだった。二〇七年のことだ。

天才軍略家として有名な諸葛孔明には数多くの伝説が残り、なかには超能力者であったかのようなものまであるが、そのほとんどはフィクションのようだ。

孔明は英才として知られていたが、どこにも仕官せず、荊州《けいしゅう》の隆中《りゅうちゅう》という地に庵《いおり》をつくり、農耕生活をしながら学問に励んでいた。当時の荊州は、劉表《りゅうひょう》のとっていた中立政策のおかげで平和だったので、中国各地から、名士と呼ばれるインテリたちが移り住んでいたのである。諸葛孔明もその一人だったが、その博識ぶりと知力は卓越しており、名士たちの間では知る人ぞ知る存在だった。

悶々とした日々を送っていた劉備は、諸葛孔明のことを知ると、参謀として迎え入れたいと思った。これまであまりにも、いきあたりばったりに行動してきたことを後悔したのであろう。関羽、張飛の二人は豪傑で、人間的にも信頼できる部下ではあったが、長期的な戦略を練るタイプではなかった。劉備は、いまの自分にとって必要な人材は、戦略家だと、考えていたのだ。

曹操のもとには荀彧《じゅんいく》、孫権には周瑜《しゅうゆ》という参謀がいた。しかし、劉備のもとには、それに匹敵する参謀がいなかった。

劉備は諸葛孔明の庵を訪れた。だが、留守だった。いきなりきたのだから、しょうがない。そのまま引き返した。日を改めて訪れると、またも留守。三度目に訪れたとき、ようやく、劉備は諸葛孔明と会うことができたのである。

孔明は、二度も留守をしていたことを詫びるとともに、それにもかかわらず、三度も自分のもとにきてくれたことに礼を言った。社会的身分としては、劉備のほうが圧倒的に高い。当時の劉備は荊州の将軍、孔明は頭はいいかもしれないが、何の地位もない「ただの人」である。普通ならば、孔明のほうから会いに出向かなければならないのに、劉備から出向いた。しかも、三回もである。

このように、有能な人材を雇いたいときに、身分が上の人が自ら出向いて頼むことを、「三顧の礼」という。

諸葛孔明はそこまで自分のことを買ってくれるのならと、劉備の陣営に加わることを承諾した。この二人がコンビを組んだことで、中国史は大きく変わっていくことになる。

最初の出会いで、諸葛孔明は、劉備に「天下三分《てんかさんぶん》の計《けい》」(三二六頁参照)を説いたとされている。このとき初めて、劉備は天下獲りの具体的イメージを得たのだった。

12 孫権が劉備との同盟を決断した理由

二〇八年、曹操軍は南下を始めた。

折悪しく、劉表は病死してしまった。北の備えをまかされていた劉備としては、当然、闘うものだと思っていた。ところが、劉表の後継者の劉琮《りゅうそう》は降伏を決定。闘うつもりでいた劉備は、まさに屋根にのぼったところで梯子《はしご》をはずされたような形になった。

このまま降伏するか、あくまで曹操軍と一戦を交えるか。劉備陣営内部でも、意見が対立した。

そんなとき、降伏に納得しない荊州の民間人が、劉備軍に加わりたいとやってきた。その数、十数万。戦力になるかもしれないが、重荷ともなる。だいたい、それだけの人々を食べさせていけるのか。しかし、劉備は、反対意見を退け、その十数万人の同行を認めた。自分を頼ってくる人々を見捨てることなどできなかったのである。

劉備は荊州を出て、江陵《こうりょう》という地を拠点とするつもりだった。そこは古来から交通の要の地で、物資が豊富だったのだ。だが、民間人をともなっての進軍なので、なかなかスピードが出ない。ついに途中の長坂坡《ちょうはんぱ》で劉備軍は曹操軍に追い着かれてしまう。これが有名な長坂坡の戦いだった（三〇二頁参照）。

劉備軍は、張飛の大活躍でどうにか追撃を交わすが、損失も大きく、江陵を制圧することなど、とても無理だった。このままでは、再び曹操軍が攻撃してきたら、全面敗北である。

劉備がとるべき道は、ひとつしかなかった。孫権との同盟である。孫権のもとに、劉備は使者を出すことにした。いわば、全権委任大使である。その役目を果たせる人材が、劉備のもとにはいた。諸葛孔明である。

孔明の任務は重大かつ困難だった。この時点で、劉備軍は疲弊《ひへい》しており、とても戦える状態ではない。本来ならば、孫権と対等の同盟関係など結べる立場ではなかった。そこを何とかして、優位な形での同盟関係にしなければならない。

さらには、その前提として孫権が曹操と戦う気があるのかどうかを見極めなければならなかった。孫権までが、曹操に降伏するつもりだとしたら、同盟どころではなくなるのだ。

諸葛孔明は孫権と対面するなり、「曹操は強い。降伏したほうがいい」とさぐりをいれた。孫権は驚き、「ならば、なぜ、劉備は降伏しないのか」と訊き返した。孔明は、「劉備殿は漢王朝の血を引いているので、曹操になど降伏できないのだ」と答えた。孫権への挑発である。孫権はその挑発に乗ってしまい、「自分も降伏するつもりはない」と言ってしまう。「ならば、同盟を結ぶしかない」と孔明は言って、具体的に、曹操軍の兵力を分析し、劉備と孫権が手を結べば勝てることを説明した。

孫権は参謀の周瑜の意見も聞いた上で、劉備と同盟を結び、曹操と戦うことを決断した。

こうして、劉備と孫権による反曹操同盟が樹立されたのである。

それぞれの参謀である孔明と周瑜は二人とも、陸戦では曹操軍に負けるだろうが、水上での闘いならば勝ち目があると考えていた。孫権の水軍は強いので知られていたが、それに対して曹操は、平原で戦ってばかりいたので、水上での実戦経験が乏しかった。曹操は、経済力によって、巨大な水軍を作り、水上の要塞とした。見た目は、圧倒的に曹操軍のほうが強そうだった。だが、軍船は立派でも、兵士たちは、水上での戦いに慣れていない。孫権軍は、そこにつけこむことにしたのである。

孫権陣営による苦肉《くにく》の計《けい》（三三九頁参照）と連環《れんかん》の計《けい》（三四二頁参照）により、曹操の誇る水軍は、赤壁《せきへき》の戦い（三〇六頁参照）で壊滅的打撃を受け、敗退。孫権・劉備連合軍の勝利となった。

これによって、劉備はついに領土も得るのである。

13 どうして孫権は劉備に領土を貸してくれたのか

赤壁の戦いでの敗退で、曹操は当分は外に攻めることを諦め、自分の領土内の整備に専念し始めた。その象徴として、銅雀台《どうじゃくだい》という空前絶後の大宮殿を築いた。

そんなころ、二一〇年に、孫権の参謀だった周瑜《しゅうゆ》が急死してしまった。曹操軍との闘いの際に受けた傷がもとでの病死で、三六歳の若さであった。

この周瑜の死が劉備の運命を大きく変えることになる。

周瑜は、もともとは孫権の兄、孫策《そんさく》の盟友だった。孫策の存命中から、周瑜は孫家による中国全土の統一を思い描いていた。そのための戦略が、「天下《てんか》二分《にぶん》の計《けい》」だった。曹操は中国北部を制圧していた。そこで、孫家としては、まず南部を制圧し「北の曹操、南の孫」という構図を作り上げる。その上で、北西部の勢力と同盟関係を結び、曹操を攻め、最後は孫家が全土を支配する。このような壮大な戦略である。

この戦略が実現してしまうと、劉備玄徳の出る幕はない。せいぜい、孫陣営の将軍のひとり、という位置付にしかならない。

周瑜は、劉備を危険視していた。南部制圧にあたり、いずれは邪魔になると考えていたのだ。そのため、関羽と張飛を劉備から引き離す画策を練ってもいた。

そんな周瑜の死は、劉備にとってチャンスだった。後任の参謀役の魯肅《ろしゅく》は劉備に好意的で、同盟を結ぶ際も積極的だった男だ。

この時点で、劉備軍は曹操の支配下になっていた荊州《けいしゅう》の南部を奪還していた。さらには、孫権の妹と政略結婚し、同盟関係を深めてもいた。そのうえで、孫権の領土である荊州の一部を、いずれ本拠地ができたら返すという約束で借りることに成功した。領土がなければ、人を養えないという理由であった。

劉備としては、荊州のさらに西の益州《えきしゅう》が本当の狙いだった。荊州南部はそれまでの仮の領土のつもりであった。仮でも何でも、領土がなければ兵士も養えない。劉備には土地が必要であり、単独では曹操にかないそうもないので、孫権との同盟を維持することも必要だった。

孫権の参謀の魯肅は、劉備に領土を貸すことに賛成した。曹操を牽制する意味で、劉備にある程度の力を持たせておいたほうがいいとの考えがあったのだ。孫権もまた益州を狙っていたので、劉備を荊州に封じ込めておく狙いもあった。

それぞれの思惑を秘めながら、劉備と孫権との同盟は、少なくとも表向きは、より強固なものとなった。

14 なぜ劉璋《りゅうしょう》は劉備をすんなりと招き入れたのか

荊州南部を手に入れた劉備は、さらに西の益州を奪い取ろうと機会をうかがっていた。

益州の権力者は劉璋《りゅうしょう》だった。その父の劉焉《りゅうえん》は有能な人物で、益州を後漢王朝から半ば独立した一国として築いていた。だがその後を継いだ劉璋はまだ若く、また、かなりお人よしで、人を信じやすい性格だった。そんなわけで、配下の者のなかに、こんな主《あるじ》のもとではこの乱世を生き抜けない、と思う者が出た。

そのころ、益州の北部、漢中郡《かんちゅうぐん》に新興宗教が一種の独立王国を作っていた。そこで、それを討伐するために、隣の荊州の劉備を招聘してはどうかと、劉璋に進言する者がいた。張松《ちょうしょう》という重臣である。劉璋は同族という意識もあり、劉備に親しみを感じていたので、さっそく、この意見に従うことにした。しかし、これは陰謀の始まりであった。重臣は劉備と通じていたのだ。

二一一年、劉備は軍勢を引き連れて、益州に入った。何も知らない劉璋はこれを歓迎する。一方で、重臣たちは、劉璋を暗殺する計画を立てていた。だが、さすがに劉璋の側近たちのなかには劉備を警戒する者が多く、この暗殺計画は成功しない。また劉備自身が、暗殺という卑怯な手段を好まないこともあり、暗殺による益州乗っ取り計画は破棄された。

一年が過ぎた。劉備は、ついに真正面から劉璋を攻撃することにした。漢中の新興宗教を討伐するためとして編成して繰り出した軍勢を、益州の首都、成都《せいと》に向けたのである。

かねてから劉璋の指導力に疑問を抱いていた益州の官僚や武将の多くが主君を捨て、あっさりと劉備軍に加わった。しかし、それでも忠義者もそれなりにいて、徹底抗戦した。当初の目論見は外れ、劉備軍は成都の制圧にてこずり、荊州で留守を守っていた諸葛孔明を呼び寄せるなどして総力戦となり、ようやく劉備軍は勝利した。二年後の二一四年のことである。

こうして、劉備はようやく、自分の領土を得たのである。

15 劉備が領土を手にして力関係はどうなった？

劉備が益州を手に入れたのを、苦々しく思いながら見ていたのは、曹操よりも、むしろ同盟を組んでいた孫権だった。

孫権もまた益州を狙っていたからである。それればかりか、一度は劉備に対し、一緒に益州に攻め入ろうと呼びかけたこともあった。そのときに劉備は「同族の劉璋《りゅうしょう》を攻めることはできない」と断っていたといういきさつもあった。それなのに、劉備は自分だけで攻め入り占領してしまったのだ。

だが、もはや益州は劉備のものであった。そこで孫権は、劉備に貸していた荊州の南部を返還しろ、と迫った。本拠地ができたら返すという約束だったからだ。しかし、劉備はこれを無視した。

孫権は荊州に兵を向けた。もはや同盟関係は決裂した。劉備側からは関羽が迎え撃つ体制を整えていた。両者激突のときが迫っていた。

だが、孫権と闘えば、たとえ勝ったとしても、損失も大きいことが予想された。さらに劉備にとって脅威だったのが、いうまでもなく、曹操の存在である。

その曹操軍が漢中に攻めてきた。益州を手に入れたばかりの劉備にとって、孫権と曹操の両方と同時に闘うのは無理だった。

そこに、孫権の参謀であり、劉備に好意的だった魯粛が、いわば救いの手を出す。和解の道が開けたのだ。

劉備は孫権との激突を避け、魯粛が提案する和解の道を選んだ。その結果、荊州南部を東西に分け、東を孫権、西を劉備のものとすることで、全面戦争は避けられたのであった。二一五年のことである。

一方、曹操は、劉備が成都制圧にてこずっている間の二一三年に、魏公《ぎこう》となっていた。それまでは後漢王朝の献帝を皇帝として戴き、いまでいう総理大臣である丞《じょう》相《しょう》という役職に就き、あくまで、形式上は皇帝から委任されて国を統治する立場だった。

それに対して「公《こう》」という地位は、自分の領土を持つことを意味した（その上が「王」で、数年後に曹操は魏王になる）。皇帝から領土を分けてもらった立場である。形式上は皇帝の許可を得て、公になったのだが、皇帝には何の権限もなかった。当然、曹操が皇帝に対し、公になる許可を出せと求めたのである。

曹操としては、南に孫権と劉備という二大勢力がいる以上、中国全土を後漢王朝の名のもとに再統一して支配することは不可能だと考えていた。そこで、自分の国を建国する方針に転換したのである。だが、この方針に参謀の荀彧《じゅんいく》は強く反対した。荀彧はあくまで後漢王朝の復興を願っていたのだ。荀彧は曹操に疎まれるようになり、自殺へと追い込まれていった。

ともあれ、曹操は名実ともに自分の国を得て、これを魏と称した。中国の北側が魏となり、南のうちの東側が孫権の呉となり、西側が劉備の蜀となる。そして、その三つの接点であり、中国大陸の中心部にあたるのが荊州で、そこもまた北を曹操、東を孫権、西を劉備が手にしているという構図だった。

こう書くと、三者が拮抗《きっこう》しているかのようだが、人口や生産物などを総合した国

■三国志の時代の中国

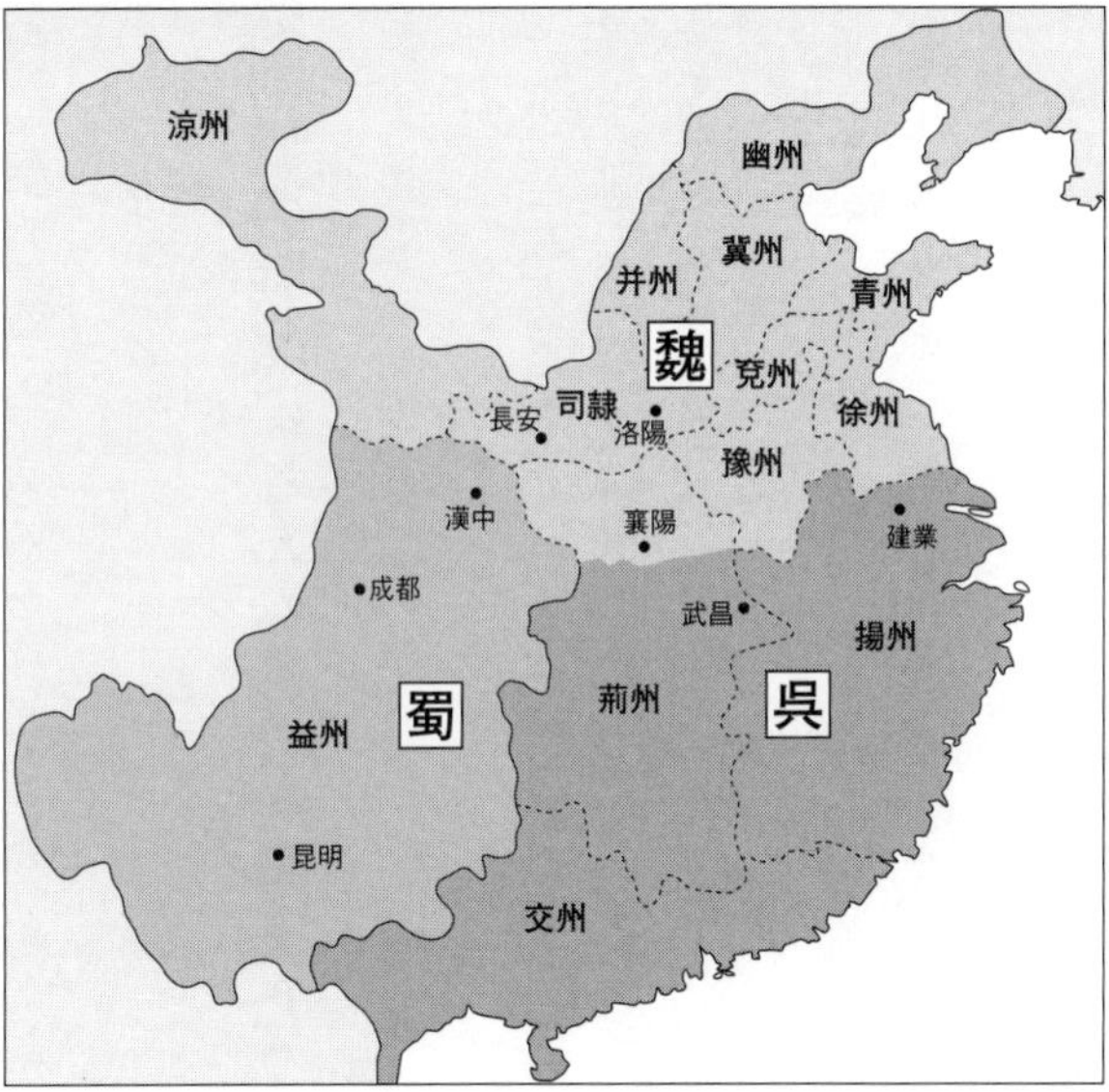

力では、曹操の魏が圧倒的に強く、呉と蜀を合わせても、とてもかなわなかった。

16 関羽の死は劉備の戦略にどんな影響を与えた？

荊州南部を分割することで、劉備と孫権の激突は避けられたが、緊張関係は続いていた。

さらに、二一六年になると、魏王となった曹操が益州の北にあたる漢中に攻め入った。ここが曹操に制圧されれば、劉備にとって致命的打撃となる。曹操の南下を容易にするだけでなく、劉備は完全に封じ込められてしまうのだ。劉備も進撃を開始した。

曹操軍と劉備軍との激戦が続くが、最後には帝軍山で劉備軍が勝利した（三一〇頁参照）。このときに活躍したのが、黄忠《こうちゅう》という老将軍である（二七三頁参照）。

苦戦を知った曹操は、自ら出陣するのだが、それでも勝てない。ついに、曹操は漢中を諦めた。

この結果、劉備はようやく益州全体を手に入れたのである。

諸葛孔明をはじめとする家臣団は、この機会に、劉備に帝位に就くように勧めた。しかし、劉備はあくまで自分は後漢の皇帝の臣下だとして、これを拒む。名目だけだが、献帝はまだ健在だったのだ。そこで、「王」になることにした。漢中王・劉備玄徳の誕生である。

その一方で劉備は、義兄弟、関羽の死という代償を払わなければならなかった。

関羽は荊州《けいしゅう》の守りをずっとまかされていた。劉備にとってもっとも信頼できる部下だったからである。だが、劉備軍の主力が漢中で曹操軍と戦っているとき、関羽は荊州を出て北上し、背後から曹操軍を討つ作戦に出た。この作戦は最初は成功した。ところが、闘いが長引いているあいだに、予想外の事態となった。曹操と劉備が戦っているのを見ていた孫権が、これまでの同盟関係を捨て、曹操と手を結んだのだ。関羽は、曹操軍と孫権軍の挟み討ちとなり、樊城《はんじょう》の戦い（三一四頁参照）で、孫権軍の呂蒙《りょもう》の策略にひっかかり捕えられ、処刑されるという非業《ひごう》の死を遂げてしまったのである。

「死ぬときは同年同月同日」と誓い合った義兄弟の死は、劉備にたとえようのない悲しみをもたらした。そればかりか劉備は荊州をも失うはめになったのだ。

関羽の首は、孫権によって曹操に送られた。関羽がいなくなったことを、曹操は喜んだが、その亡霊に悩まされるようになってしまった。そして、翌年、曹操は病死してしまう。

「三国志」の冒頭から活躍しつづけてきた、最大の悪のヒーロー、曹操はこうして亡くなった。関羽と曹操の死は、「三国志」第一世代の「終わりの始まり」を意味してもいた。

関羽を失った劉備は、諸葛孔明らが止めるのを阻止して、復讐のために孫権と闘うことを決めてしまう。これは、孔明の戦略構想にはないものだった。

義兄弟の死が、劉備の天下獲り戦略崩壊の第一歩となっていくのである。

17 曹操の死で何がどう変わったか？

曹操の後を継いで魏王になったのは、長男の曹丕《そうひ》だった。曹丕の部下たちは、献《けん》帝《てい》に対し、曹丕に帝位を譲るように迫った。皇帝になろうというのである。さすがに、献帝はこれには抵抗したが、魏の兵士たちに取り囲まれたうえに、譲位を求められると、ついに、帝位を譲り渡してしまう。

これまで、かろうじて名前だけは残っていた後漢は、ここにきて、ついに、名実ともに終焉を迎えたのだった。実際は、曹丕が帝位を奪い取ったわけだが、あくまで形式上は、献帝が曹丕に帝位を譲ったかたちとなり、その儀式もおこなわれた。曹丕は文帝《ぶんてい》となり、父の曹操は武帝《ぶてい》と諡《おくりな》された。

二二〇年、こうして名実ともに、魏帝国が建国されたことになる。

曹操の子、曹丕が皇帝となったという知らせは、献帝が暗殺されたという誤報とともに、劉備のもとに届いた。劉備は後漢王朝の終焉を嘆き哀しみ、献帝の葬儀を出した。

さらに献帝の無念をはらし、漢王朝を復興するためとして、自らも帝位に就き、昭烈帝となった。

これは、王朝としての正統性は、魏の曹丕ではなく自分にあると宣言したことを意味していた。こうして、二二一年、蜀《しょく》帝国が建国された。つまり、中国大陸に二つの帝国が出現したのである（この劉備の帝国は、漢王朝を継承しているとの意味で、「蜀漢《しょくかん》」と呼ばれることもある）。

劉備が殺されたと思っていた献帝は、実際には、魏帝国のもとでの公《こう》に格下げされはしたものの、生きていた。

劉備としても、皇帝になった時点では、献帝暗殺が誤報だったことは知っていたはずだが、いまさらあとに引けなかったのであろう。

一方、孫権《そんけん》は、皇帝になった劉備に脅威を感じていた。関羽の復讐という動機もあり、必ず攻めてくるだろう。そこで先手を打って、魏との関係を強化することにし、文帝への臣従を誓い、呉王にしてもらった。こうして、孫権の領土は、かたちの上では魏帝国の一部だが、呉という独立した国となったのである（後の二二九年に、孫権は皇帝となり、呉も帝国となる）。

勝算も深く考えず、その後の戦略もなく、諸葛孔明以下の臣下の多くが反対するにもかかわらず、劉備は呉に軍を進めることにした。

そこに、またも悲報が届く。呉への復讐戦を何よりも喜んでいた、もうひとりの義兄弟である張飛《ちょうひ》が、日頃の乱暴な性格が禍《わざわい》して、何と、部下によって殺されて

■劉備の動き

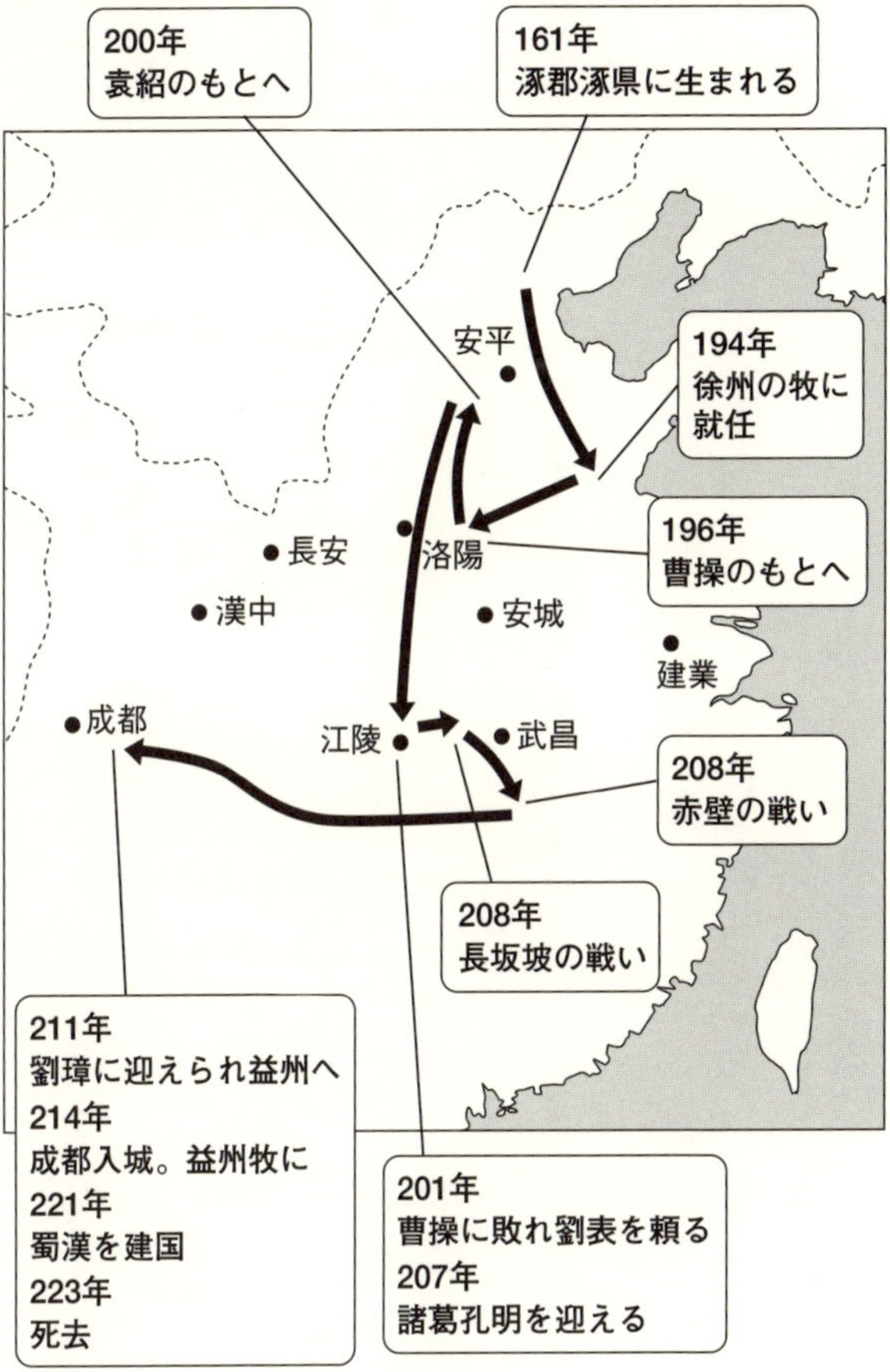
200年
袁紹のもとへ
161年
涿郡涿県に生まれる
安平
194年
徐州の牧に
就任
長安
洛陽
196年
曹操のもとへ
漢中
安城
建業
成都
江陵
武昌
208年
赤壁の戦い
208年
長坂坡の戦い
211年
劉璋に迎えられ益州へ
214年
成都入城。益州牧に
221年
蜀漢を建国
223年
死去
201年
曹操に敗れ劉表を頼る
207年
諸葛孔明を迎える

しまったのだ。

義兄弟の二人を失った劉備は、いまでいえば、キレた。そして、キレたまま、国のことよりも、関羽と張飛の復讐を優先させ、蜀は呉に兵を進めた。

戦争は最初は蜀が強かったが、「夷陵《いりょう》の戦い」（三一七頁参照）で敗北し、大打撃を受ける。

もはや敗戦は明らかとなり、その退却戦の途中で劉備は病に倒れてしまい、首都である成都に帰ることもできず、国境にあった白帝城《はくていじょう》で療養することとした。

この白帝城に、孫権からの使者がやってきた。何と、再び友好関係を結びたいという。病床の劉備はこれに同意した。

魏からみれば、これは呉の裏切りだった。曹丕は激怒して、自ら先頭に立って、呉に進軍した。だが、苦戦する。

呉と魏が闘っているあいだに、劉備玄徳は死んだ。二二三年、六三歳であった。

こうして、「三国志」の主人公第一世代は、孫権を除き、みな死んでしまった。

だが、物語はまだ続く。主役として活躍するのは、劉備に後を託された諸葛孔明である。

18

劉備が死んで、諸葛孔明はまず何をした？

劉備亡きあと、蜀帝国の皇帝になったのは、息子の劉禅《りゅうぜん》だった。しかし、彼は凡庸な男で、とても先頭に立って国を動かせる器ではなかった。

息子が無能であることを、劉備はよく分かっていたので、丞相《じょうしょう》である諸葛孔明にすべてを託した。臨終の際に、「もし、禅《ぜん》が補佐するに足る者だったら補佐してくれ。もし、禅に皇帝としての能力がないと分かったら、あなたが皇帝になりなさい」とまで言ったのであった。

諸葛孔明は涙を流して、忠誠を誓った。劉備の願望は、蜀による中国全土の統一だった。曹操の後継者である曹丕《そうひ》よりも、孔明のほうがはるかに優れている。必ず勝てる、と死に際の劉備は励ました。

孔明には劉備の死を悲しむ間もなかった。まず、呉との関係修復を確固たるものにし、安定をはかり、その間に国力を蓄え、やがてくる魏との決戦に備えなければならない。

だが、その前に、足元から反乱が起きた。蜀の南部地域には少数民族が暮らしていた。彼らが、漢民族に支配されるのを不満に思い、連合軍を組織して、立ち上がったのだ。

二二五年、孔明は出陣した。これが南征《なんせい》と呼ばれる闘いだった。戦力的には圧倒的に勝る蜀帝国軍だったが、南方の密林でのゲリラ戦となり、気候や風土病にも悩まされ、少数民族連合軍に対して苦戦を強いられた。

孔明は、武力で制圧しても、またいつ反乱を起こされるか分からないと考えた。力で制するのではなく、心で制しようとしたのである。

そこで、リーダー格の孟獲《もうかく》を捕えては自由にし、また攻めてきたので捕えるが、また逃がす、ということを七回繰り返し、寛大なところを示した。これによって、孟獲は、蜀への服従を誓うようになった（三五〇頁参照）。そこで、孔明は、孟獲たち少数民族に自治権を与えることで、反乱は鎮圧された。

こうして、南方は固まったのである。

19 諸葛孔明が「出師《すいし》の表《ひょう》」に込めた本当の意図

南征が終わると、蜀にさらなる朗報がもたらされた。魏の皇帝、曹丕が病死したのである。その子の曹叡《そうえい》が皇帝になったが、まだ若い。魏が混乱していることは明かだった。

孔明は、魏との闘いを決断した。二二七年、蜀帝国軍は、魏帝国への「北伐《ほくばつ》」を開始した。そのときに、皇帝の劉禅《りゅうぜん》に対して書いたのが、有名な「出師《すいし》の表《ひょう》」という文書である。

これは形式としては、皇帝に対し臣下である孔明が、出兵を具申する文書である。だが、実際には劉禅は無能で判断能力もなかったので、孔明は出兵にあたり、万一自分が死んだ場合に備えての遺言のようなものとして書いたのだった。

その内容は、このようなものだ。「劉備は天下統一の途上で倒れ、いまだ天下は三分されたままである。なかでも、蜀はもっとも疲弊している弱小国で、危急存亡の秋《とき》である」と現状を分析する（三六三頁参照）。それから、自分と劉備との関係について延べ、蜀を建国するまでの経緯を振り返る。そして、南方の平定も終わったいまこそ、先帝の念願である漢室の復興を目指し、魏を討つことこそが、先帝の恩に報いることになる、と延べる。さらに、劉禅に対し、「どうか広く臣下の進言を聞き、先帝の遺徳を輝かし、志士の気持ちを大きく広げるようにしていただきたい」と頼んでもいる。

この文書「出師の表」に感激した将兵たちは、涙を流しながら勝利を誓い、出陣したのだった。

だが、帝国同士の闘いである。一度や二度では決着が着かない。二三四年まで、五回にわたる闘いが繰り広げられた。そして、ついに、その五度目の北伐の最中、蜀の勝利の目処も立たないまま、「五丈原《ごじょうげん》の戦い」（三一九頁参照）で、諸葛孔明は病に倒れ亡くなってしまうのだった。

天才軍師として伝えられる諸葛孔明は、なぜ、この最後の大決戦に勝利できなかったのか。魏帝国には孔明に勝るとも劣らぬ軍師がいたのである。

20 司馬懿《しばい》が見抜いた蜀の弱点とは何か

魏帝国軍の最高司令官は司馬懿《しばい》（二八六頁参照）という男だった。地方の会計官だったが、曹操に有能さを認められ中央の官僚となり、曹操を支えた。内政でも能力を発揮したが、軍事的才能もあった。蜀との闘いでは、最高司令官として指揮をとった。

司馬懿は、蜀の弱点は、兵站《へいたん》にあると見抜いていた。

蜀は敵地に攻めなければならない。そのためには、武器や食糧も一緒に運ばなければならず、またその補給も欠かせない。そこに、最大の弱点があったのだ。地理的にも、蜀から魏に攻めるためには山脈を越えなければならず、そこでもかなり兵力を疲弊させてしまう。

魏軍は、自国内で蜀軍を待ち受けていればいいわけで、補給の心配はない。

蜀が局地的な闘いでは何度も勝利しながらも、決定的な勝利につながらなかったのは、補給がうまくいかなかったからだった。

司馬懿は諸葛孔明の知力と、蜀の軍事力をけっしてあなどらず、敵の挑発に乗りさえしなければ、勝てはしなくても、負けることはないと踏んでいた。その時点での魏には、蜀に攻め入って征服する気はなかったので、負けなければ勝ったも同然だったのである。

諸葛孔明の死という幸運もあったが、司馬懿が率いる魏軍は負けなかった。

この敗北によって、劉備が熱望し、諸葛孔明が誓った蜀による天下統一は、ついにかなわぬ夢と終わったのである。

21
魏の政権内部で、曹爽《そうそう》と司馬懿が対立した裏側

蜀軍を敗退させたことで、司馬懿は魏帝国での最大の実力者となった。

それをさらに強めたのが、二三八年に、魏の北東部、遼東半島での反乱を討伐したことだった。この地域は、公孫氏《こうそんし》という豪族の一族が支配していた。魏帝国の一

部ではあるのだが、独立色の強い地域だった。その公孫氏が、魏からの独立を宣言し、燕国を名乗ってしまったのである。四つ目の帝国の出現である。これは、魏帝国としては、許せないことだった。

そこで、蜀軍との闘いでの実績を買われ、司馬懿が出陣したのである。燕はあまりにも無謀だった。魏帝国軍の圧倒的軍事力の前に、闘いらしい闘いもできず、敗北し、あっという間に燕は滅亡してしまい、もとの魏帝国の一部となった。

この勝利で、司馬懿の政権内での地位は揺るぎないものになった。

ところが、二代目皇帝、曹叡《そうえい》が二三九年に三六歳の若さで亡くなってしまうことで、司馬懿の立場は微妙なものとなっていく。

三代皇帝となった曹芳《そうほう》は、八歳の少年だった。この曹芳は曹叡の実子ではないらしい。本当の父母については不明で、曹叡の養子になったようだ。当然、飾り物である。

魏帝国の実権を握ったのは、曹操の一族のひとり、曹爽《そうそう》だった。曹爽の父は、曹操に仕えた名将として知られていた。その子であったため、親の七光りで曹爽も出世し、とくに、曹叡の代になってから、取り立てられていた。

その曹叡が亡くなると、曹爽は司馬懿を皇帝の教育係という太傅《たいふ》という地位に就けた。これは名誉職のようなもので、実権はほとんどなかった。そして、曹爽自身が大将軍になり、独裁体制をとり始める。どうやら、曹爽に天下をとるようにそそのかした側近がいたらしく、すっかりその気になってしまい、邪魔な司馬懿を政権中枢から遠ざけることにしたらしい。

司馬懿としては、おもしろくなかったが、曹爽は皇帝の親族でもあるので逆らえない。しばらくおとなしくしていることにした。

本筋とは関係ないが、邪馬台国《やまたいこく》の卑弥呼《ひみこ》が、魏に使者を送ったのが、ちょうどこのころである。

22 なぜ司馬懿のクーデターは成功したのか

さて、司馬懿の雌伏《しふく》は一〇年ほど続いた。その間の二四四年、曹爽は諸葛孔明もいなくなった蜀を攻めることにした。司馬懿は、まだ早いと反対したが、曹爽は聞き入れない。司馬懿はお手並み拝見、という気持ちで傍観していた。

それまで実戦経験がまるでない曹爽に、いかに弱体化していたとはいえ、蜀を征服できるはずがなかった。諸葛孔明が魏に侵攻したのと同様、補給という問題が、今度は魏の前に立ちはだかった。蜀軍の抵抗の前に苦戦し、曹爽は敗退せざるをえなくなる。

この失敗によって、曹爽の政権内部での立場はゆらぎ始めた。司馬懿はそれを冷静に見ていた。そしてついに、二四九年に一族を総動員し、政権内部で曹爽に不満を抱く人々と連携して、クーデターを起こし、成功する。曹爽一族は、ことごとく処刑されてしまった。

司馬懿はいまでいう総理大臣のポスト、丞相に就任し、政権の基礎を作った後、二五一に病気で亡くなるが、息子の司馬師が後継者となった。

司馬師は弟の司馬昭《しばしょう》と、がっちりとスクラムを組み、政権を磐石なものにしていった。

二五四年には、司馬師は名目だけの皇帝である曹芳《そうほう》を廃位させ、曹髦《そうぼう》を皇帝に就ける。将軍による反乱が何度か起きるが、司馬一族はこれも鎮圧する。

司馬師が死ぬと、弟の司馬昭が後を継いだ。二六〇年には皇帝を担いで司馬昭を倒そうとするクーデターが起きる。しかし、司馬昭は皇帝を殺害することで、この危機を乗り切ってしまう。皇帝を殺してしまうのだから、もはや、帝国を名実ともに乗っ取ったことになるが、まだ新王朝とはならない。曹操の子孫が次の皇帝に選ばれた。

二六五年、晋《しん》王となっていた司馬昭《しばしょう》が亡くなると、後を継いだ息子の司馬炎《しばえん》は、皇帝に譲位を迫った。曹操が建国した魏帝国はここに滅び、新しい王朝、晋が建国されたのである。

この経緯は、後漢王朝を曹操が乗っ取った経緯とよく似ている。歴史は繰り返すのだ。

▼▼▼23 呉や蜀はその後いったいどうなったか

魏と蜀は何度も全面戦争を争っていたが、その間、呉は比較的平和だった。もちろん、魏との小競り合いは何度も起きたが、全面戦争には至らなかった。

呉の孫権は魏の曹操や蜀の劉備よりも長生きし、亡くなるのは二五二年だった。

呉帝国が崩壊への道をたどり始めるのは、孫権の後継者争いがきっかけだった。これは孫権の存命中から始まっていた。孫権の長男は優秀で、将来を期待されていたのだが、三三歳の若さで、病死してしまう。次男はその前に死んでおり、順番からすれば、三男が後継者に指名されるはずだった。ところが、孫権は、その下の子のほうを寵愛し、そちらを皇太子にしようと考える。

どちらを皇太子にするかで、孫権の存命中から政権内部が二つに割れ、派閥抗争となり、やがて権力闘争へと発展した。これに慌てた孫権は、三男、四男でもなく、末っ子を皇太子にした。とりあえず、後継者争いは結論をみて、その直後の二五二年に七一歳で孫権は亡くなった。

予定どおり、末っ子が皇帝になるのだが、その時点でまだ一〇歳。とても国を治める能力などない。政権内部も権力闘争が尾を引いており、とても一致団結できる状態になく、呉帝国は揺らぎだすのであった。

一方、蜀も安泰ではなかった。孔明の死後、内部での政争が続き、卓越した指導者を欠いていたので、いきあたりばったりに魏に攻めては、何の成果もあげられないまま敗退していた。

そうこうしているうちに、魏では司馬政権が確立され、司馬昭の代にそれが安定すると、一気に蜀に攻め入ってきた。またたくまに、魏軍は、蜀の首都である成都に侵攻してしまった。篭城して戦うか、降伏するかを迫られた皇帝の劉禅《りゅうぜん》は、あっさりと降伏してしまった。

劉備玄徳が苦労して手に入れ、漢王朝の復興を夢見て築いた蜀帝国は、こうして魏の前に滅びた。

降伏したことで劉禅は、魏帝国の公として生き延びることができた。だが、王朝としての漢は、この時点で完全に絶えるのであった。二六三年のことである。

24 結局、「三国志」で最後に勝ったのは誰なのか

二六三年に蜀が魏によって滅亡し吸収され、その魏は、二六五年に司馬炎によっ

て晋へと交代した。

三つの帝国で残ったのは呉だが、これも時間の問題だった。

二五二年の孫権の死後、呉の皇帝の座は、一〇歳の孫亮《そんりょう》が継いだ。しかし、そんな政権が安定するはずがなく、内部抗争によって、実力者の暗殺が相次ぎ、孫亮は廃位させられる。そして、二五八年に兄の孫休《そんきゅう》が三代目の皇帝になるが、二六四年に亡くなってしまう。その次を継いだのが、孫権の孫にあたる、孫晧《そんこう》だった。彼はもともとは文学的才能もある優秀な人間で、孫権の時代のように呉を立派な帝国として再興しようという野心に燃えていた。

しかし、政権が内部分裂を繰り返していたため、国力も低下し、とても昔のようには戻れそうもなかった。さらに、隣の蜀は滅びてしまい、呉の将来も明るくない。そこで、もうどうでもよくなり、やりたい放題の暴君になってしまう。贅沢三昧に暮らし、気分で人事をし、逆らうものは残虐に殺し、民のことなど思いやらない。

それでも、陸抗《りくこう》という名将がいたおかげで、魏もなかなか攻めてこなかったので、どうにか国は保っていた。しかし、その陸抗が二七四年に病気で亡くなってしまう。

二七九年、晋帝国軍は、六方向から呉帝国に侵攻した。呉は勝てるはずがなく、翌二八〇年に、孫晧は降伏、呉帝国も滅亡するのであった。

こうして、魏、蜀、呉の三国はすべて滅亡し、晋による中国統一が実現した。約百年にわたる動乱の時代に終止符が打たれたのである。

だが、平和な時代はそう長くは続かない。晋帝国もまた内部分裂をはじめ、内乱となるのだが、それはもう「三国志」の物語ではない。

25 「三国時代」なんて本当にあったのか

さて、「三国志」の時代を三国時代と呼び、魏、呉、蜀の三国が鼎立していたとよく解説される。だが、正式に三つの帝国が並びたっていた時期はほんのわずかでしかない。

後漢帝国が正式に滅びて魏帝国となるのが二二〇年、劉備玄徳が皇帝と名乗り、漢の後を継ぐ蜀帝国を建国するのが二二一年、孫権が呉を帝国とするのが二二九年である。つまり、二二九年が厳密な意味での三つの帝国が存在する時代の始まりだ。

そして、三四年後の二六三年に蜀が魏によって滅ぼされ、二六五年にはその魏が司馬炎によって滅ぼされ晋となる。呉が晋に降伏して滅亡するのは二八〇年だ。つまり、三国揃っていたのは、三四年間でしかない。

ところが、この三四年間というものは、「三国志」の物語としては、エピローグみたいなものだ。作家のなかには、諸葛孔明の死のところで完結させてしまう人もいるくらい。

「三国志」とは、厳密には三国時代の物語ではなく、「三国時代までの物語」なのだ。

二章

『三国志』主な登場人物

劉備《りゅうび》1——生涯戦績は何勝何敗？

劉備《りゅうび》（一六一～二二三）は蜀帝国の皇帝である。歴史の上では脇役だが「演義」をもとにした「三国志」の主人公は、何といってもこの劉備。

誤解している人がいるが、姓が劉備《りゅうび》で名が玄徳《げんとく》ではない。劉が姓で名が備。玄徳というのは字《あざな》といい、成人してから本名の下につけるもので、いわば、自分で自分につけるあだ名のようなものだ。

「徳」と自分で名乗っているように、私利私欲を追求するのではなく、大義名分を重んじる、人徳のある人との印象が強い。

劉という姓は、漢帝国の創始者劉邦《りゅうほう》の末裔《まつえい》であることを示している。

実際、劉備は漢王朝に血筋としてつながっている。ただ、かなり薄い。（一九二頁参照）

劉備の生涯のテーマは、漢帝国の再興である。その点が、自分の野心実現のため

■劉氏系図

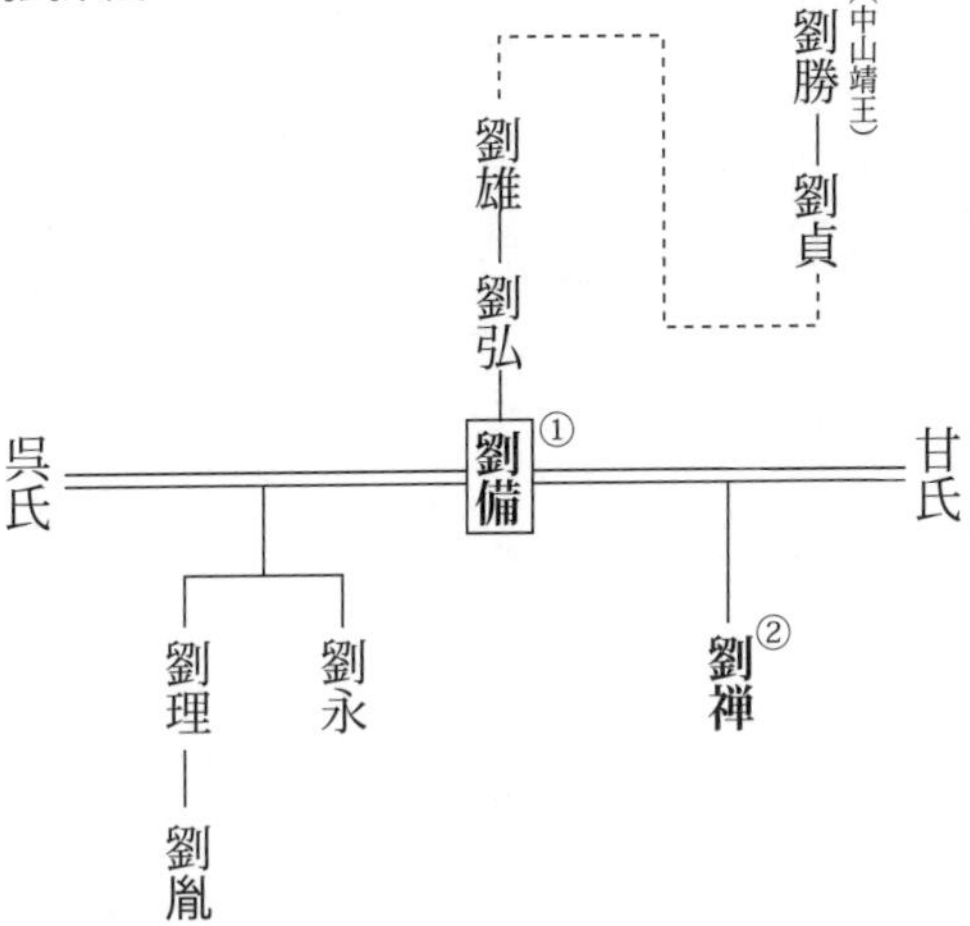

に漢帝国を乗っ取った曹操とは決定的に異なる。つまり、同じ「天下獲り」を目指すのでも、曹操は自分の私利私欲のため、劉備は乱れた世を正すためにはかつて安定し繁栄していた漢帝国を再興するしかないとの思いから、と動機が違うのだ。曹操が悪役で劉備が「いい人」として描かれる最大の理由も、ここにある。

　しかし、劉備は「演義」では道徳心にあふれた人として描かれているが、それだけでは皇帝にはなれないだろう。けっこういろいろな人を裏切っているし、あちこちを渡り歩いている。よくいえば、リアリストである。

関羽、張飛と出会い、黄巾賊《こうきんぞく》討伐のために兵をあげたのが、二三歳。傭兵《ようへい》としてあちこちの陣についた後、ようやく徐州《じょしゅう》の牧《ぼく》といういまの知事のような役職に就くが、それまでに十年かかっている。ところが、それもたった二年で呂布《りょふ》に奪われ、以後、二三年間も流浪《るろう》の身となる。出世の目が出てくるのは、四八歳のときに諸葛孔明と出会ってからだ。もし、この出会いがなければ、一生、うだつがあがらないままだったかもしれない。

孔明と出会ってからは、あっという間にかけのぼっていき、五二歳で蜀の建国を宣言して、皇帝になる。結果よければ全てよしである。そういうわけで、名将という印象もあるが、戦争そのものはそんなに強くなかった。

生涯に闘ったのは、数え方にもよるが二一回。その勝敗は一〇勝九敗二分け。勝ち越してはいるが、肝心の曹操に負けてばかりいるので、あまりパッとしない戦歴なのだ。

だから、本当に名将だったのかどうかは、かなり疑わしい。諸葛孔明がいなかったら、ただの人で終わった可能性も高い。

だが、その孔明ほどの人物が参謀になってくれたのは、劉備に人徳があったからとも考えられる。自分にはそれほど才能がなくても、才能のある人を呼び寄せることのできる人だったのだ。

庶民が劉備を愛したのは、義兄弟の契りを結んだ関羽、張飛との友情に殉じたからかもしれない。二人の復讐のために無謀な闘いに出て、結局負けてしまう。国の行く末よりも、義兄弟の契りを優先させたのは、君主としては失格だが、男としては、こんなに美しい話はないのである。

2 曹操《そうそう》――悪役として語られるが、そもそもどこが悪いのか

曹操《そうそう》(一五五～二二〇)は、魏定国の皇帝で、「三国志」での勝利者だ。字は孟徳。「演義」をベースにしたこれまでの「三国志」では最大の悪役として知られていたが、コミック『蒼天航路』では英雄として描かれ、人気が出た。

さらにさかのぼれば、「正史」の「三国志」は、魏の後継の晋の時代に、晋がい

かに王朝として正しいかという視点から書かれたものだから、その前身である魏が正しく、その創始者である曹操こそが正しいと描かれていた。

ところが、負けたほうに同情心から人気が出るのは、日本も中国も同じなようで、庶民は劉備の味方をして、さまざまな伝説を生んでいった。劉備、関羽、張飛、そして諸葛孔明をヒーローにするためには、その敵役《かたきやく》を悪くする必要があったのだ。こうして曹操は、悪人にされてしまったのである。名君だったともいわれる「忠臣蔵《ちゅうしんぐら》」の吉良上野介《きらこうずけのすけ》が最大級の悪役になってしまったのと同じようなものだ。

曹操、字《あざな》は孟徳《もうとく》。祖先は、前漢の時代の宰相で、祖父は宦官として権力をふるった。その養子が父で、大尉の位を大金を出して買い取った。このあたりが、血筋が悪いとされる理由だ。本人に罪はないので、気の毒ではある。いったん悪役になってしまうと、すべてが悪くとられる。

曹操は子どものころから頭がいいことで知られていた。『孫子』の注釈本を書くほど、学問の才能もあった。

祖父や親のおかげで、一応、出世コースを歩んでいる。一八四年に黄巾賊の乱が起きたときは、近衛騎兵隊長《このえきへいたいちょう》に任命され、討伐軍として戦った。何進と袁紹が反

■曹氏系図

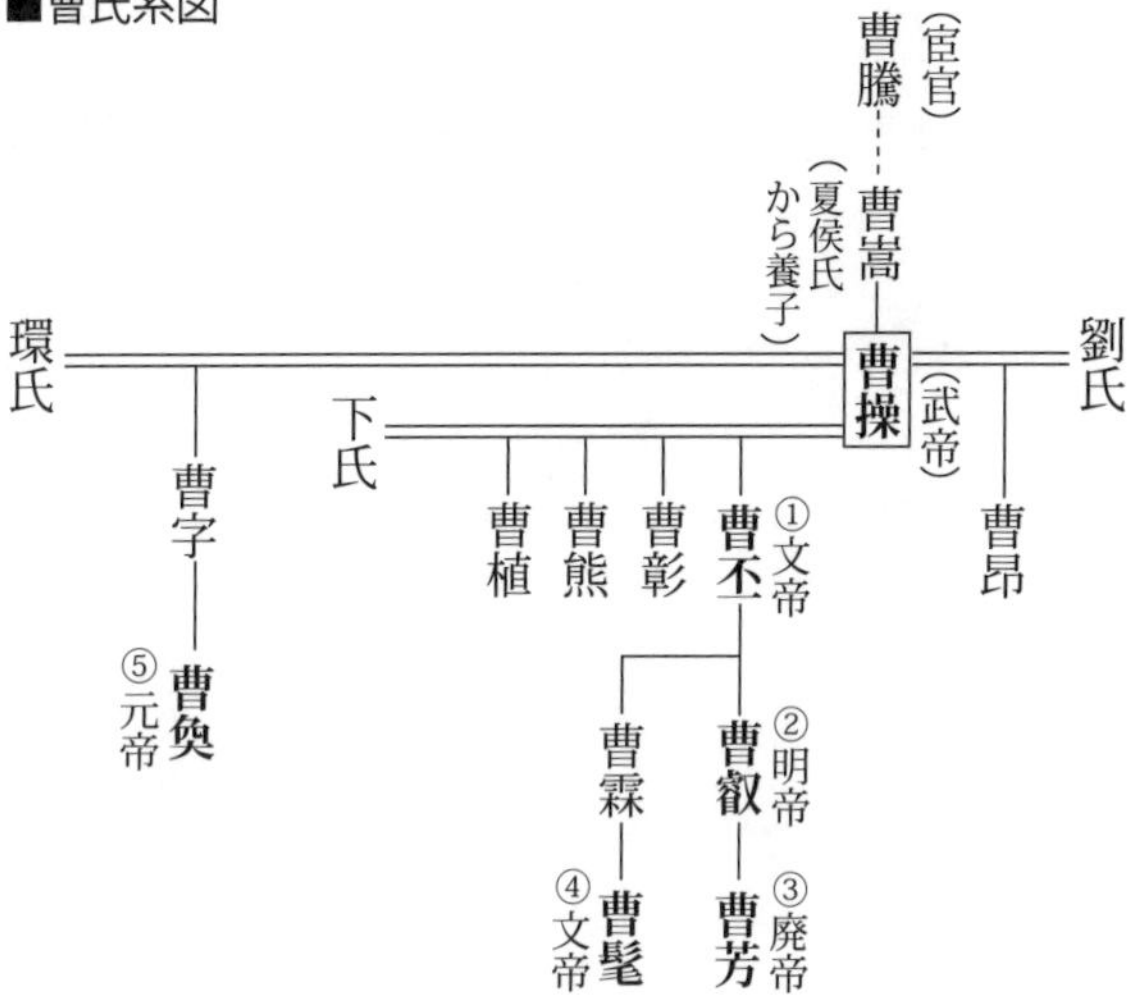

宦官のクーデターを起こしたときには参加せず、権力を握った董卓の誘いにも乗らなかった。
　袁紹をリーダーとする反董卓連合軍に加わるが、本気で闘う気がない者ばかりのなか、積極的に闘い、敗北。だが、皇帝を迎え入れたことをきっかけにして、権力への道を確固たるものにし、中国の三分の二を支配するにいたる。
　参謀、家臣にも優れた人材が集っていた。曹操は、自分と考え方の違う者でも、昨日までの敵でも、思想や前歴を問うことなく採用し、その能力を活用した。こうした人材登用は戦略の重視へとつながり、それまでの単純な闘いの図式を、組織戦、戦略と戦術による闘いへと劇的に変えたのである。

戦争に強かっただけでなく、民政面でも優れていた。

画期的な政策として屯田制《とんでんせい》がある。民に土地と安全を保障する代わりに重税を課すという制度で、これのおかげで食糧生産力が高まった。また、文学的才能もあったという。

魏の皇帝、武帝《ぶてい》という称号は死後に贈られたもので、生前は「魏王《ぎおう》」の位《くらい》が最後で皇帝にはなっていない。

「演義」では悪役だが、本当は三国時代でいちばんの英雄なのである。

3 孫権《そんけん》——「第三の男」は本当に地味だった？

孫権《そんけん》（一八二～二五二）は、呉の初代皇帝で、字《あざな》は仲謀《ちゅうぼう》。

魏の曹操、蜀の劉備につぐ、第三の男が孫権《そんけん》だ。もっとも遅く生まれ、もっとも

■孫氏系図

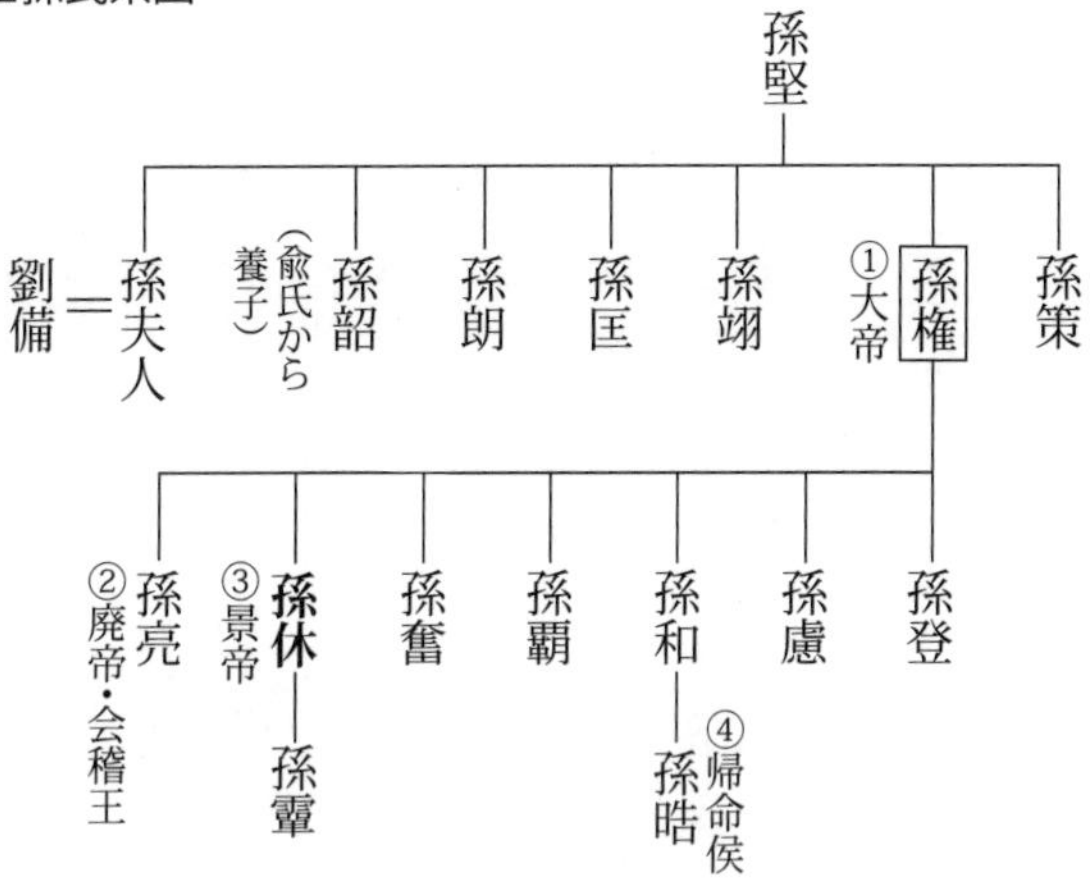

長く生きたが、天下獲りに成功した魏の曹操と、負けたヒーローである劉備に比べると、帝国を長く維持したわりには影が薄いのは否めない。さらに、曹操と劉備の二人が一代で帝国を築いたのに対し、孫権は父と兄がほぼ基礎を固めたものを継いで守っただけなので、その点でも、いまひとつ人気が出ない。

孫家は「孫子《そんし》の兵法《へいほう》」で知られる孫武《そんぶ》の末裔で、父の孫堅《そんけん》の代で歴史の中央の表舞台に出た。孫堅は一七歳で海賊を退治し役人となり、次に反乱軍も鎮圧するなどして、後漢帝国中央でも知られるようになる。そして黄巾《こうきん》の乱で、頭角を表し、一九〇年には反董卓連合軍に参加し、袁術の陣営に属した。息子の孫策《そんさく》も一緒だった。

洛陽《らくよう》が董卓によって焼き払われた際に、いちばん乗りしたのが孫堅だった。そしてそのとき、孫堅は古井戸で国璽《こくじ》を拾う。本来、皇帝が持っているはずの、帝位の象徴である。皇帝になろうとしていた袁術はこれを欲しがり、奪い取ってしまう。孫堅は他にも袁術にひどい目にあうのだが、袁家が名家であるため、その権威を利用してやろうという野心が、孫堅にもあった。ひとまず、袁術と組むことになる。

袁術と劉表が決裂すると、劉表討伐のために孫堅は挙兵するが、戦死してしまう。三七歳だった。その遺志を継いだのが、長男の孫策と次男の孫権である。

父の死後、孫策は袁術に気に入られていたが、袁術は口だけで、いくら手柄を立てても何も見返りをくれない。孫策は三年にわたり、雌伏《しふく》のときを過ごす。だが、会稽《かいけい》を平定したことで勢力を伸ばすことができ、江東《こうとう》のほとんどを制圧する。そして、これから天下獲りに出るぞ、というときに曹操の謀略で暗殺されてしまう。父子ともに、自分の強さを過信し、油断があったようだ。

兄の後を継いだ孫権は、このとき一八歳。兄の孫策は戦争が得意だったが、孫権は内政のほうが得意で、二人はいいコンビだった。というよりも、二人で一人前というところがあった。そのことを自覚していた孫権は、外に闘いに出るのではなく、内を固めた。曹操と劉備という二つの敵に対し、あるときは劉備と同盟を組み、あるときは曹操と通じるなどして、戦争ではなく、外交で生き延びた。二二九年に呉を帝国とし、初代皇帝になった。

政治家として見た場合、外交に徹して国民を無駄に死なせないよう努めたことは評価していい。だが、闘わなければ男ではない、天下を狙わないで何のために生きるのか、という乱世の時代にあっては、ヒーローになれるキャラクターではないのだろう。

内政にも優れ国力を豊かにし、外交能力にも長けていた孫権だが、後継者の選び方には失敗した。長男が死んでしまったため、次の皇帝をどの子にするか迷い、そのため、宮廷内が二つの派閥に割れて混乱するのだ。生涯の最後の段階での大失敗といっていい。どうにか収拾させるが、彼に残された時間は長くなく、呉の先行きに不安を抱きながら亡くなった。

この後継者問題で国の中枢が二分されたことで、呉は弱体化し、滅びるのは時間の問題となってしまったのである。

▼▼▼4　関羽《かんう》――どうして商売の神様になったのか

関羽《かんう》（?～二一九）は劉備の義兄弟で、「演義」では主役のひとりとなる。字《あざな》は雲長《うんちょう》。身長二メートル以上で、髭《ひげ》の長さも五〇センチ近かった大男だ。赤兎《せきと》という名馬にまたがり、重さ二〇キロもある刀を振り回す豪傑。文武ともに秀でていて、劉備の信頼があつかった。

劉備と出会うまでの前歴はよく分からない。「正史」では脇役にすぎないのだが、「演義」では主役のひとりだ。

強いだけの張飛とは異なり、インテリでもあり、義に生きる人でもあり、悲劇的な最期を遂げたこともあって、人気が高い。中国だけでなく、横浜の中華街をはじめ日本各地にもある関帝廟《かんていびょう》は、関羽を商売の神様としてまつったものだ。庶民からもっとも慕われているのが関羽なのだ。

この文武両道に秀でた関羽を、敵の曹操までもが自分の部下にしたがった。曹操は有能であれば、昨日までの敵であっても、迎え入れる器の大きな男だったのだ。二〇〇年に劉備が曹操と闘って負けた際、関羽は劉備の夫人を守るために曹操に降伏する。曹操は、関羽を手厚くもてなし、自分のところに来いと誘う。だが、関羽はその誘いには乗らない。しかし、曹操と袁紹が闘うと、曹操のために闘う。そして、袁紹軍の将の首をとると、それを曹操のもとに届け、「これで恩義は返した」と、劉備夫人とともに曹操軍の陣営から脱出する。

劉備への大きな義を何よりも優先するとともに、曹操への義も果たしたのである。このあたりが、関羽がもっともドラマチックでカッコいい場面だ。

劉備がもっとも信頼を寄せていた関羽だが、諸葛孔明の登場とともに、影が薄くなるのは否めない。荊州の半分を劉備軍が制圧し、さらに西の益州へと侵攻すると、荊州の留守をまかされたのが、関羽だった。劉備のもとには、全幅の信頼をおいて全てをまかせられる人材が他にいなかったので、関羽にその役目が下ったわけだ。これは大任であり名誉なことなのだが、結果的に、関羽は劉備陣営の本体から外れてしまい、孤独な日々を送ることになる。

劉備は益州を手に入れるが、その北部の漢中をめぐって、曹操軍との争奪戦を繰り広げることになった。関羽も連携して北上し、曹操軍の背後を狙う。最初は関羽軍が優勢だったのだが、大雨となり持久戦となってくると、様子がかわってきた。曹操と孫権が密かに通じ、関羽は挟み討ちとなってしまう。さらに孫権の謀略によって、部下の裏切りにもあい、戦死してしまうのである（二二九、三一四頁参照）。

孫権は自分が劉備に恨まれるのを嫌がり、関羽の首を曹操のもとに送った。関羽を殺させたのは、あくまで曹操だと示したかったのである。関羽の能力を高く評価していた曹操はその死を惜しみ、手厚く葬ったという。そして、その直後に曹操も死ぬ。この二人の縁も深いのである。劉備、関羽、張飛の三人の義兄弟との絆とは別の、男と男の信義と友情の関係が、敵である曹操と関羽の間にもあったのだ。

敵にも愛された関羽の人気が高く、神様にまでなったのも、理解できよう。

ちなみに、なぜ武将である関羽が商売の神様になったのかというと、海を渡って商売をしていた中国の商人たちが、船の守り神としてまつったのが最初だといわれている。当時の貿易は、海の上での自然との闘いもあったが、海賊も多かったので、それらから守ってくれる強い神様が船には必要だったのだ。こうして、関羽は貿易商の神様となり、やがて商売全般の神様となったわけだ。

5 張飛《ちょうひ》――いったいどれほど強かった？

張飛《ちょうひ》（？～二二九）は、関羽とともに、劉備と義兄弟の契りを結んだ主役のひとり。字《あざな》は翼徳《よくとく》。関羽が文武両道に秀でていたのに対し、張飛はひたすら武の人。その分、言動がちょっと軽く、それゆえに人気のあるキャラクターだ。得意とするのは、矛《ほこ》。

張飛が大活躍するのは、「三国志」の「正史」でもなければ「演義」でもない。「演義」のさらに原作となった数多くの講談のようだ。小説などではあまり活躍の場面がないが、民間伝承がもっとも多いのが張飛で、かつての中国人は、子どものころから、親や大人たちから張飛の物語を聞いて育ったという。

そんなこともあって、『三国志演義』では、いまさら張飛の強さやキャラクターについて改めて「書く」必要がなかったらしい。とにかく、張飛は強いことになっている。一人で兵一万人分の力を発揮したと伝えられる。

有名なのが、劉備が曹操軍に負けて敗退するとき、そのしんがりをわずか二〇騎でつとめたことだ。長坂の橋の上で、張飛は矛を振りかざし叫ぶ。

「われこそは翼徳！　まとめてかかってこい！」

そのあまりの形相と迫力に、追う曹操軍は誰も手も足も出せず、凍りついてしまい、その隙に劉備軍は無事に落ちのびたのだ（三〇二頁参照）。

これでは戦っていないので、本当にどれぐらい強かったのかは分からない。だが、相手が張飛だというだけで、誰もかかっていかなかったのだから、張飛の武名はかなり知れわたっていたわけだ。

張飛は酒が大好きで乱暴者で、部下に嫌われていた。それが原因となって、謀略で部下に殺されてしまう。関羽の死から二年後のことだった。

そして、その二年後、劉備も死ぬ。「生まれたときは違っても、死ぬときは同年同月同日」と誓った三人の義兄弟は、四年の間に相次いで亡くなったのである。戦乱の世、生き延びるだけでも大変だったのだから、これは奇跡に近いといっていい。

6 諸葛孔明《しょかつこうめい》──軍師として、宰相として

史上最も有名な軍師が、諸葛孔明《しょかつこうめい》（一八一～二三四）だろう。諸葛亮《しょかつりょう》、字《あざな》は孔《こう》明《めい》。したがって、諸葛亮孔明、あるいは諸葛亮とするのが正しいが、諸葛孔明と呼ばれることが多いので、本書ではそう記した。中国には珍しい二文字の姓である。

諸葛孔明は「三国志」中盤から後半にかけての事実上の主役である。幼いころに父を失い、叔父のもとで育つ。並外れた知性と知識の持ち主だったが、戦乱の世に誰にも仕えることなく、晴耕雨読《せいこううどく》の日々を送っていたところに、劉備がやってきて、三顧の礼を尽くされ、参謀となる（二一四、三六一頁参照）。

それからは天才軍師として蜀《しょく》帝国の建国まで導き、総理大臣にあたる丞相《じょうしょう》になる。劉備亡き後も蜀帝国を支え、魏と何度も闘う。このときに、劉備の子で皇帝の座に就いていた劉禅に奉じた「出師《すいし》の表《ひょう》」という文書は名文として知られる。だが、魏との闘いではついに勝利を見ることなく、亡くなる。

天才軍師として、さまざまな闘いでのエピソードが知られ、なかには天候さえも自在に動かせるという魔法使いみたいな話もあるが、それらはフィクションが多い。冷静に考えると、局地的な勝利はしても、大局的には敗戦続きで、あまり強いとは言えないのだ。勝つ場合も、相手の心理を読んだ謀略戦での勝利が多く、肉弾戦派の関羽や張飛のような派手さはない。あくまで頭脳で闘う人だった。

もともと劉備の参謀になる前には、一度の実戦経験もない。それなのに劉備が感動して参謀に招聘《しょうへい》したのは、「天下《てんか》三分《さんぶん》の計《けい》」という国家戦略を説いたからだ（三二六頁参照）。

このように、戦争を指揮することよりも国家運営などの才能のほうがあったようで、蜀帝国ができてからは、法律・制度を整備し、官職も整え、賞罰のけじめも明確にし、公平な政治をおこなった。そのため国民からも、厳しい人だが正しい人だと慕われていた。

蜀帝国の最大の危機は劉備の死だった。呉によって関羽を殺されたことでキレてしまった劉備が、個人的復讐のために戦争を始めたはいいが、壊滅的打撃を受け、事実上の敗戦のなかでの死を迎えた。そのため、蜀の軍事力は低下し、経済的にも疲弊していた。そこにつけこんで各地で反乱も起きていた。隣の呉との関係も悪化しており、崩壊寸前だったのである。しかも、皇帝として後を継いだ劉備の息子の劉禅は無能でまったく頼りにならなかった。諸葛孔明はひとり、奮闘して、国を支えたのである。外交面では呉との関係修復を成功させ、経済面では鉄などの産業を興し、南方の異民族の制圧にも成功し、来たるべき魏との決戦に備え、国力を蓄えたのである。

だが、その魏との闘いが、結果的には孔明の命も削り、蜀の運命も決めた。孔明は劉備に託された「魏を倒して漢王朝による天下統一」にこだわり、五回にわたり魏との決戦をおこない、その五回とも敗退したのである。

なぜ勝てなかったのかについては、さまざまな分析が可能だが、ひとくちでいえば、孔明は理念先行型の人だったため、戦況の変化に臨機応変に対応できなかったからだという。そのため、敗戦を繰り返したのである。

冷静に考えると、孔明は政治家としては超一流でも、軍師としては二流と評価したほうがよさそうだ。「正史」では、かなり冷淡に記述されており、そのことがかえって同情を呼び、民間伝承とそれを集大成した「演義」では、天才軍師として数々のエピソードが語られている。

研究者によると、こんにち、孔明がこうしたああしたと伝えられている多くは、創作であったり、他の人のエピソードを孔明のものに置き換えたものがほとんどらしい。

いずれにしろ、そのキャラクターや功績について、いろいろと論議されるのも、人気者である証拠だ。やはり、この人なしに「三国志」は語れないのである。

7 馬超《ばちょう》——曹操がもっとも恐れた武将

馬超《ばちょう》（一七六〜二二二）は、劉備の五虎将軍のひとり。字《あざな》は孟起《もうき》。漢民族ではなく、どこにも属さず、その名のとおり独立した騎馬隊の長として戦乱の世を駆け抜けていた。

劉備には五虎将軍《ごこしょうぐん》がいた。そういう名の人がいたわけではなく、蜀の五人の勇猛な将軍たちのことをいい、そのうちの二人はすでに紹介した、関羽《かんう》と張飛《ちょうひ》。残りの三人が、馬超、黄忠《こうちゅう》、趙雲《ちょううん》である。この五人は五虎将軍として、まとめて語られることがあるが、実際にこの五人が劉備の陣営に揃っていた時期は、ほんの数年でしかない。

馬超の父は朝廷に仕えていた。それを足がかりに、馬一族は、中国北西部の涼《りょう》州《しゅう》を制圧していた。河北を支配していた曹操としては、邪魔な存在である。だが、馬超の強さを考えると、敵に回すよりも、自らの陣営に引き入れたほうが犠牲が少なくてすむ。

曹操は馬超を招聘した。だが、馬超は断る。誰の下にも立ちたくないという気骨ある男だったし、曹操に父を殺されたという過去もあったので、親の仇のもとでなど、働けない、というわけだ（だが、これは史実とは逆のようで、馬超が曹操に向けて挙兵したので、父親は処刑された、と「正史」にはある。話をおもしろくするために、話が逆になったのである）。

馬超は韓遂《かんすい》という武将と同盟を結び、曹操と対峙した。そこで、この二人の仲を引き裂こうと、曹操は離間《りかん》の計《けい》を企てる（三三〇頁参照）。

これにひっかかり、馬超と韓遂は決裂。馬超は単独で曹操軍と闘うことになるが、大敗してしまう。

しかし、馬超は人気があった。西域《せいいき》に戻ると、他の異民族の支持も得て再起してゲリラ戦を展開し、曹操をてこずらせる。

だが、ゲリラ戦は局地的には勝利しても、大軍の圧倒的軍事力の前に、いつかは滅びる。力尽きた馬超は、曹操と戦っていた漢中《かんちゅう》の張魯《ちょうろ》のもとに身を寄せた。だが、張魯をたいした男ではないと見限ると、益州《えきしゅう》に侵攻していた劉備のもとに密書を送り、投降した。

馬超が投降して劉備軍に加わったという知らせは、益州の都、成都を震撼させた。兵は戦意喪失し、あっさりと陥落してしまう。馬超のおかげで、劉備は益州を手にできたともいえるのだ。その功績から、二二一年に劉備が蜀帝国の皇帝に即位すると、馬超は驃騎将軍《ひょうきしょうぐん》に任命され、また益州の北の涼州《りょうしゅう》の牧《ぼく》にもなった。来たるべき曹操軍との対決のためであったが、翌年、病死してしまった。

馬超は、とても人望があり、ひとから慕われた。人々は、その死が信じられず、まだ生きているとの伝説が残ったほどである。

8 黄忠《こうちゅう》──なぜ先陣をまかされたのか

黄忠《こうちゅう》（？〜二二〇）も五虎将軍のひとり。字《あざな》は漢升《かんしょう》。老将軍として知られる。

生年が不肖なので実際の年齢は分からないが、「三国志」には最初から六〇歳以上の老人として登場する。もとは荊州《けいしゅう》で劉表《りゅうひょう》の配下の一人だったが、赤壁《せきへき》の戦いの後、劉備に投降した。馬超と同じく、いわば中途採用組である。

常に先陣に立って闘い、勇猛ぶりで知られた。諸葛孔明が先陣を黄忠にまかせたのは、老人が先頭に立つことで、若い者も「年寄りに負けてたまるか」と、張り切って闘うという効果を狙ったらしい。なかなかの人材登用術である。

定軍山《ていぐんさん》の戦いでは、魏の総大将、夏侯淵《かこうえん》を斬り、勝利に導いたのが最大の戦功である。

二一九年に五虎将軍の一人に任命されるが、翌年、亡くなってしまう。いまでも中国では元気な老人のことを「老黄忠《ろうこうちゅう》」と呼ぶらしい。

▼▼▼9 趙雲《ちょううん》――派手さのない男のただならぬ能力

趙雲《ちょううん》（?〜二二九）も五虎将軍のひとりで、字《あざな》は子龍《しりょう》。劉備が無名時代からの臣下だった。五虎将軍のひとり。関羽、張飛が創業期からの仲間で、馬超や黄忠が中途採用だとすると、趙雲は最初の新卒採用のようなもの。若いころから劉備に仕え、劉備の死後まで生きた。もっとも長く仕えた臣下ともいえる。

はじめは公孫瓚《こうそんさん》のもとにいたが、そこに身を寄せてきた劉備のほうに惹かれ、配下に加えてもらった。以後、さまざまな戦いで劉備軍の将として闘うのだが、あまり派手な活躍はない。もっとも有名なのが、長坂《ちょうはん》で曹操《そうそう》の奇襲にあって撤退する際、取り残されてしまった劉備の妻子を救出したときだ。趙雲は単身、敵のなかを子どもを抱きかかえて駆け抜け（劉備の夫人も一緒に抱きかかえたという話もある）、無事に劉備の妻子を本隊に届けたのである。その後、張飛が大活躍するのは記したとおりだ。

関羽の死に憤激した劉備が呉を攻めたときは、「本当の敵は呉ではなく魏だ」と反対するなど、筋の通った考え方の持ち主でもあった。さらに、劉備の死後の第一次北伐でも、敗戦による撤退という困難な仕事を、あまり犠牲者を出さずにやりとげた。

どうも、退却戦でその能力を発揮する人のようだ。退却は、それじたいが惨めなものなので、派手さはない。だが、勢いに乗って攻めてくる敵をかわしながら、少ない犠牲で自分の陣地まで戻らなければならない退却戦は、もっとも困難な戦いである。それを成功させたということは、ただならぬ能力の持ち主ともいえよう。

10　荀彧《じゅんいく》――名参謀が最後に曹操の怒りを買った理由

荀彧《じゅんいく》（一六三〜二一二）は曹操の名参謀として知られる。字《あざな》は文若《ぶんじゃく》。劉備に諸葛孔明がいたように、曹操にも全面的に信頼できる参謀として荀彧がいた。彼なくして曹操の天下はなかったといっていい。だが、一説には自殺とも伝えられるように、最後の最後になって曹操から疎んじられ怒りのなかで死んだ。

祖父も父も高級官僚という名門の家に生まれた。子どものころから頭のよさを発揮し、また容姿もよかったという。

当然のように宮廷の官僚になるが、ちょうど董卓《とうたく》が権力を握った時代とぶつかり、こんなところにはいられないと身切りをつける。当初は故郷にいたが、袁紹《えんしょう》から賓客《ひんきゃく》として招聘され、その陣に加わる。だが袁紹に一国を束ねることはできないと判断し、曹操のもとに向かう。曹操は狂喜して荀彧を迎え入れた。

荀彧の最大の功績は、保護者を失い困窮していた皇帝を奉じることを、曹操に進言したことだった。

後漢帝国は実際には国家として何の権力もなく、権威も失墜していたが、名目上は存在していた。権力の正統性は皇帝を味方につけたほうにある。そのことを荀彧はよく理解しており、他の武将たちが無視していた皇帝を迎え入れるよう、曹操に助言したのである。これによって、曹操は皇帝の代理人としての立場を得て、その権力が正統性をもてた。軍事力だけでは、曹操の天下にはならなかったであろう。

荀彧のもうひとつの功績は、自分以外の優れた人材を次々と曹操に紹介し、雇い入れるよう進言したことだった。リクルートも担当していたのである。軍事的にも袁紹との最後の決戦で勝利に導いた。こうして曹操と荀彧は、いわば二人三脚で天下統一を進めていった。

だが、中国の北側をほぼ制圧し、曹操が魏国の公になると決めた際、荀彧はそれに反対する。公になることは、後漢帝国とは別の国をつくることを事実上意味していた。荀彧が忠誠を誓っていたのは、あくまで漢王朝であり、曹操がそれを守る姿勢を保っているあいだは従っていたが、漢王朝をないがしろにし、自ら国を建てようとする動きには反対したのだった。

すでに魏は基礎ができており、荀彧以外にも曹操のまわりには側近も多くいた。荀彧なしでも国の運営はできると曹操は思ったのかもしれない。あるいは、いつまでも頭が上がらない荀彧が疎《うと》ましくなったのかもしれない。荀彧は、名目上は大臣の位にあったが、事実上、失脚する。

その後、荀彧が病に倒れると、曹操が五人の護衛を派遣した。これを荀彧は、自分を監視するためだと思い、そこまで信用されていないのかと、憤激し、毒をあおったという説もある。あるいは、曹操から見舞い品が届くとそれが空だったので、死ねという意味と解釈し、自殺したとの説もある。いずれにしろ、その死は魏帝国建国の最大の功労者にはふさわしくない、悲劇的なものだった。

荀彧の死後、曹操は魏の王となる。だが、曹操自身は死ぬまで皇帝にはならなかった。荀彧を気にしていたのかもしれない。

▼▼▼11 周瑜《しゅうゆ》──「天下《てんか》二分《にぶん》の計」はどうして失敗したのか

周瑜《しゅうゆ》（一七五〜二一〇）は呉《ご》の孫権の参謀。字《あざな》は公瑾《こうきん》。諸葛孔明のライバルにあたる。字《あざな》は公瑾《こうきん》。

孫権の兄の孫策とは幼なじみで、無二の親友、そして二人の妻が姉妹という親戚にもなった。孫策の死後は、後を継いだ弟の孫権を支えたのである。強いことで知られた呉の水軍は、周瑜が創設したといってもいい。

諸葛孔明は「天下三分の計」を唱え、劉備を心服させたので知られている。中国全土を魏と呉と蜀の三国に分けていったん安定させ、その上で呉を併合して、魏と対決し、最終的に天下統一するという戦略である。それに対し周瑜は、「天下二分の計」を考えていた。彼の眼中には劉備などなく、相手にしていなかった。呉と魏の二つしかなかったのだ。蜀を奪い取り、西北で騎馬隊を率いている馬超と連携し、曹操を討つ。それが周瑜の戦略だった。

だが、劉備に諸葛孔明という参謀がついたことで、簡単には蜀を奪うことができず、この戦略は挫折した。そして、三六歳の若さで、戦場で受けた傷がもとで病死してしまう。彼の死によって劉備＝諸葛孔明は呉と同盟を組むことが可能となり、天下三分の計が実現していくことになるのだった。

孫権は兄の孫策や周瑜とは異なり、内を固めることを重視し、あまり外に攻めていくタイプではなく、ましてや、天下統一という構想には、どうも正直なところ、ついていけなかったようでもある。天下二分の計が実現しなかったのは、何よりも、孫権にその気があまりなかったからであろう。孫権は自国の安泰を再優先し、北からの脅威である曹操を牽制するために、劉備と同盟を組むほうを選んだ。

周瑜の死は早過ぎたが、もっと長く生きても、いずれ孫権と対立し離れてしまったかもしれない。

▼▼▼12 袁紹《えんしょう》——幼馴染の曹操が最大の敵に…

袁紹《えんしょう》（?〜二〇二）は、曹操の最初の大きな敵となる悪役。字《あざな》は本初《ほんしょ》。四代にわたり三公《さんこう》の地位に就いたという名家に生まれたので気位が高い。三公とは、朝廷の高級官僚のなかでもっとも高い、司空《しくう》、司徒《しと》、大尉《たいい》の三つのことで、いまでいう大臣にあたる。

袁紹は名家出身なので、いわば生まれたときから出世が約束されていた。有力な宦官の養子の子にあたる曹操とは幼馴染だったが、袁紹は何よりも宦官《かんがん》を嫌っていたので、内心は曹操のこともばかにしていたようだ。これが、のちに最大の敵となる背景にあったのかもしれない。

首都の治安維持を担当する司隷校尉《しれいこうい》という役職に就いた。これは政権中枢に影響力を与えることのできるポストで、皇帝の外戚《がいせき》として実権を握った何進《かしん》に、宦官撲滅を進言したのは、袁紹だった。何進の企みが宦官側に漏れ、逆に何進が殺されてしまうと、袁紹は宮中に乗り込んで、宦官を殺しまくった。宮廷の混乱から皇帝が逃げ、それを助けた董卓が実権を握ると、袁紹は、しばらくは董卓に仕えていた。だが、董卓が皇帝を廃位しようとした時点で見限り、反董卓の立場となる。やがて一九〇年に、曹操も参加した反董卓連合軍が結成されると、名門出身ということもあり、そのリーダーとなった。

ここまではよかったが、袁紹にリーダーとしての人望がなく、連合軍は瓦解。武将たちは各地に散り、勢力の拡大を始めた。群雄割拠《ぐんゆうかっきょ》の時代の到来である。

一九一年、冀州《きしゅう》を支配下に置いたのを皮切りに、北方四州を支配した。曹操が皇帝を奉じたのに対し、皇帝をまったく無視した。これは、袁家が名門だったので、曹操とは違って皇帝の権威など必要としなかったという説もある。

河北《かほく》平定を目指す曹操とは、いずれは雌雄を決しなければならず、二〇〇年、官渡の戦いを迎えるが大敗。その二年後に病死してしまった。

負けた原因のひとつに、息子たちが不出来だったことがあるとの解釈もある。四つの州をそれぞれ息子たちに担当させていたのだが、なかでも長男が無能だった。そのため、三男を後継者にしようと考えたことで、派閥抗争が起きてしまう。後継者問題は、家を潰す最大の原因なのである。

「三国志演義」での悪役は曹操だが、その曹操に負けた者も、その多くが悪役として語られている。袁紹などその代表で、無能な人のような印象が強いが、治世者としては有能だったようで、袁家が滅びた後も、慕う民は多かったという。

13 袁術《えんじゅつ》――同じ一族の袁紹と敵味方になった事情

袁術《えんじゅつ》（?～一九九）は袁紹の弟とされるが、実際は従弟だったらしい。字《あざな》は公《こう》路《ろ》。いずれにしろ、名家、袁一族の出身。途中まで袁紹と行動をともにしていたが、やがて仲違いし、犬猿の仲となる。

理由は、二人とも、自分が天下をとりたかったからであろう。

北方を固めた袁紹に対し、袁術は南方の南陽に拠点を置いた。袁術に南陽を与えたのは、孫権の父である孫堅《そんけん》だった。また、北方で袁紹と敵対していた公孫瓚《こうそんさん》も袁術と組んだ。敵の敵は味方、という図式である。二人とも、袁術の名声を利用していたとも考えられる。

だが、名家の出ではあっても、袁術は袁紹よりももっと人望がなく、みなから嫌われていた。ケチで自分のことしか考えず、民衆からも重税を課したので嫌われた。

袁術は彼なりの戦略を立てていた。彼にとって最大の敵は、身内の袁紹である。まず、その袁紹を、北の公孫瓚）と戦わせるように仕向けた。そして、南陽のさらに南の荊州にいる劉表には孫堅をぶつける。そして自分は北上し、袁紹を公孫瓚）とはさみ討ちにする、という戦略である。

ところが、頼みにしていた孫堅が、戦死してしまう。袁術は南からの補給路を断たれたかたちとなった。そこを見逃さなかったのが、曹操である。曹操は、袁術を攻め、徹底的に叩きのめす。

袁術は命こそ助かったが、もはや天下を狙う立場ではなかった。しかし、それでもくじけない。孫堅が殺された後、息子の孫策が持っていた皇帝の印である玉璽《ぎょくじ》を騙し取り、自ら皇帝を名乗ってしまう。だが、誰もその権威を認めなかった。

曹操に追い詰められ、呂布《りょふ》と手を結ぼうとして、子ども同士の結婚を申し込むが断られる。それならば、と呂布に攻撃を仕掛けるが、撃破され、敗走。最後の手段として、仲の悪かった袁紹を頼る。反曹操という点では一致したのだ。だが、曹操との戦いに向かう途上、突然、病死してしまう。

あとを追うように袁紹も死に、その後は息子たちが後継をめぐって内部分裂、名門の袁家は滅びてしまう。名家の出身とはいえ、五代目ともなると、あまりできがよくなかったらしく、袁紹、袁術の二人は、悪役としてのみ歴史に残ったのである。

14 呂布《りょふ》——本当に大悪人だったのか

呂布《りょふ》（?〜一九八）は、豪傑だが、何度も裏切る大悪人だ。字《あざな》は奉先《ほうせん》。豪傑である。ともかく、強い。剣も弓も達人だったし、腕力もすごい。

最初は丁原の養子だったが、対立していた董卓にそそのかされ、丁原を殺してしまう。次はその董卓の養子となるが、王允《おういん》の連環《れんかん》の計《けい》にひっかかり、董卓を殺してしまう（三二八頁参照）。こうして、義理とはいえ、二人の父を裏切って殺したことが、あとあとまでたたる。誰も信用してくれなくなってしまうのだ。

呂布は個人としても強かったが、兵を率いるリーダーとしても有能だった。そのため、呂布が加わる陣営は、強くなる。誰もが敵にまわしたくない。といって、味方にしても、常に心からは信用されない。結果的に、そこにいられなくなり、裏切るかたちとなって、またよそへ、というのを繰り返した。

董卓を殺したはいいが、そそのかした王允が、あっさり倒されてしまったので、都を追われることになる。最初は袁紹のもとに行くが、そこも追われ、徐州の牧をしていた時代の劉備のもとにいたこともある。だが、劉備と呂布が組むと強大な敵になると恐れた曹操の謀略にひっかかり、劉備を裏切ってしまう。

その劉備が、曹操と組んでしまい、下邳《かひ》の戦いで、部下にも裏切られ、ついに敗北。曹操軍に捕えられ、処刑されてしまう（二九四頁参照）。

乱世を生き抜くには、これぐらいしたたかでなければならない。だが、呂布は武力に優れているだけで、政権を握るための戦略が何もないため、天下を取ることはできないまま、終わった。しかし、もし、彼が最終的な覇者になっていれば、それまでの行動もすべて、正当化されたであろう。悪人かそうでないかは、ようするに勝ったものが正しく、負ければ悪い、となるのが歴史の定めということが、よく分かるキャラクターである。

この呂布が乗っていた愛馬が赤兎という。「三国志」の動物キャラクターとしてもっとも人気が高い。その名のとおり、全身が炭火のように赤く、全長一丈（約二・三メートル）、高さ八尺（約一八四センチ）。一日に一〇〇〇里を駆け、水上を走ることさえできたという伝説が残っている。かなりフィクションが交じっているが、こういう名馬が実在したことは確かなようだ。

呂布が処刑されると、赤兎は曹操のものとなったが、のちに曹操はこの馬を関羽に与えた。

15 司馬懿《しばい》――最後の勝者になれた本当の「決め手」は？

司馬懿《しばい》（一九七～二五一）は「三国志」最後の勝利者である。字《あざな》は仲達《ちゅうたつ》。魏《ぎ》の曹操《そうそう》に仕え、その死後も魏のために尽くした、曹操の後半生での参謀。そして、魏を倒した晋の実質的創始者ともいえる。いわば、「三国志」の最後の勝利者である。

名門の生まれで、八人兄弟のひとり。八人はいずれも秀才で知られた。

劉備が諸葛孔明のもとを訪ねたのは三回だが、曹操から仕官するようにと呼び出しがあったのに、一度目は病気を理由に断り、二度目に招聘されたとき、ようやく仕官した。なかなかの策略家であった。

若い頃は、自分から仕掛けるタイプで、孫権をそそのかして関羽を討たせるように仕向けたのも、司馬懿だった。だが、その智謀も、諸葛孔明には敵わなかった。そのため、以後は慎重になる。それが、結果的に五度にわたる孔明の北伐《ほくばつ》をしのぐことにつながった。耐えて耐えて、勝ちはしないが負けない、という戦いをしたのである。

孔明の死後もその幻影に脅え、「死せる孔明、生ける仲達を走らす」という言葉が残っているほどだ。

曹操の死後も、後継者となった曹丕《そうひ》とは気が合い、魏帝国の建国に尽くした。遼東半島に燕帝国ができると、それを討伐しに出かけ、成功。軍事的にも貢献し、政権内部での地位を揺るぎないものにした。

曹丕が若くして死ぬと、司馬懿はその子の曹叡《そうえい》にも仕えたが、曹一族への忠誠もここまで。曹叡も亡くなったのちに帝位に就いた曹芳《そうほう》の代になると、政権内で長老となっていたので若い世代に煙たがれたこともあり、一度は事実上、失脚する。

しかし、司馬懿は諦めなかった。じっとして機会をうかがい、いざというタイミングを捉え、クーデターを起こし、政権を握ったのである。

こうして、魏帝国を支配した司馬懿は、あとを二人の息子に託して亡くなる。息子の司馬師《しばし》と司馬昭《しばしょう》は、反対勢力を次々と失脚させ、司馬一族の権力を万全なものに整えて行く。そして、ついに司馬懿の孫にあたる司馬炎の代になって、魏の皇帝に退位を迫り、新たな王朝、晋を建国した。

司馬懿は、死後、晋の初代皇帝として、宣帝《せんてい》と諡《おくりな》された。諸葛孔明との戦いによって忍耐を覚えたことが、最後の勝利につながったともいえるのである。

「正史」の「三国志」は、この晋の時代に書かれたものである。執筆した陳寿《ちんじゅ》はもとは蜀に仕えていた人物。個人的には諸葛孔明に好意を寄せていたと思われるが、「三国志」では必要以上に、孔明に対して冷淡に書かれている。孔明は晋の創始者の司馬懿にとって不倶戴天《ふぐたいてん》の敵だったので、それを配慮したのではないかと解釈されている。

三章

『三国志』運命を決めた十大決戦

「三国志」は戦争に次ぐ戦争のドラマだ。前半は曹操が天下の半分を手にするまでの戦い、中盤から、曹操、孫権、劉備の三陣営の三つ巴の戦いだ。大量の兵士同士の集団戦もあれば、持久戦、謀略戦もあるし、ひとりの武将が大活躍する戦いもある。

何をもって十大決戦と呼ぶかは難しいが、戦いそのものがおもしろいもの、その結果が歴史に大きな影響を与えたもの、といった基準で、これだけは知っておきたい決戦を選んだ。

順番は、戦いの起きた順である。「三国志」全体のなかでの位置付けは、一章と照らし合わせてほしい。

1 汜水関《しすいかん》の戦い――劉備、関羽、張飛のデビュー戦の成績は？

（一九〇年／董卓軍VS反董卓連合軍／引き分け）

董卓《とうたく》の横暴を許せないとして立ち上がった反董卓連合軍。リーダーは袁紹《えんしょう》。先陣を切ったのは孫堅《そんけん》。洛陽《らくよう》の東、汜水関《しすいかん》へ向かい進軍した。ここを制圧できれば、洛陽への攻撃の拠点となる。董卓はそれを迎え撃つため、華雄《かゆう》に五万の兵を預け出陣させた。

孫堅の陣営には猛将《もうしょう》が何人もいたので、果敢に戦い、勝てる寸前までいく。ところが、孫堅が援軍を頼んだのに、袁紹は送らない。そのまま孫堅が勝ってしまい、洛陽に攻め入り、董卓を倒してしまうのを危惧したのだ。それでは、自分の出番がなくなってしまうと考えたのだ。袁紹とはそういう男だった。孫堅軍は四将のうちの一人が孫堅の身代わりとなって死ぬなど、大きな痛手を受け、敗北する。

これで完全に反董卓連合軍はしらけてしまった。袁紹が「華雄に挑む者はいないのか」といっても誰も手を挙げない。と、思いきや、そこに立ち上がった大男がいた。関羽である。

だが、袁紹は関羽の身分が単なる一兵士でしかないことを知ると軽蔑し、お前などに何ができる、という態度をとった。曹操が仲をとって、「やらせてみて、負けて戻ってきたら、責めればいい」といったので、関羽の出陣は認められた。関羽は「もし負けて帰ってきたら、私の首を切ってくれ」と豪語して馬にまたがり、単身、敵の陣に突っ込んでいった。

しばらくたって、関羽は戻ってきた。その手には、華雄の首があった。

華雄の死を知った董卓は、呂布《りょふ》に出陣を命じ、汜水の西にある虎牢関《ころうかん》を固めることにした。華雄軍を倒し、勢いに乗って攻める連合軍だが、呂布の前に次々と倒される。だが、その呂布に敢然と立ち向かった男がいた。張飛である。長い矛で呂布と一対一で渡り合う。そこに、関羽もやってきて加勢するのだが、決着がつかない。それを見て、劉備もやってくる。劉備は雌雄二振りの剣で戦う。

さすがに一対三となってはかなわないと、呂布は名馬、赤兎馬《せきとば》で逃げることにした。引き分けである。虎牢関の戦いそのものも、董卓軍と連合軍の引き分けに終わった。

この戦いは、関羽と張飛の鮮烈なデビュー戦として有名なのだが、残念ながら史実にはない、フィクションのようだ。劉備たちが連合軍にいたことは事実だが、呂布と戦った記録は何もない。

「三国志」のストーリー展開上は、ここにおいて、劉備、関羽、張飛の三人が歴史の前線に登場する場面であり、また後の曹操と関羽の関係の伏線にもなっている。また、悪役としての呂布の強さ、孫権の父である孫堅の強さと悲劇性も印象づけられる。

2 兗州《えんしゅう》争奪戦――休戦せざるをえなかったある事情

（一九四年／呂布vs曹操／引き分け）

兗州は中国の中心部にあたる。平地が多く生産力が高く、人口も多い。都の洛陽にも近いので、昔から戦争の多い地域だった。ここが、曹操の本拠地だった。

その東隣の徐州《じょしゅう》は陶謙《とうけん》の支配下にあった。一九三年、陶謙に父を殺された曹操は、復讐のため挙兵し、大軍を率いて徐州に攻め込んだ。戦力的には圧倒的に曹操のほうが勝り、陶謙軍は万単位の死者を出し、その死体のせいで川の流れが止まったほどだった。ところが、陶謙はねばった。やがて持久戦となり、そうなると攻める曹操のほうが、兵糧が不足しだす。曹操はやむなく、退却した。

翌年、再び曹操は徐州に進軍した。今度は兵糧も十分に備えていた。またも怒濤《どとう》のように進軍する曹操軍。勝利は目前と思われた。ところが、そのとき、留守を守っていたはずの部下が裏切り、こともあろうに呂布を迎え入れ、曹操への謀反《むほん》を起こしたのである。

これを知って、兗州各地で曹操に対する反乱が起き始める。陶謙を攻めるどころではない。曹操は兗州に戻った。

裏切ったのは、曹操が挙兵したときからの盟友でもあった張邈《ちょうばく》と、軍師の陳宮《ちんきゅう》だった。謀反を企てたのは、陳宮である。もともと野心家でもあった彼は、曹操を操り、天下の実権を握ろうと考えていた。ところが、曹操がとても自分が操れるような人間ではないと分かった。また、自分よりも荀彧《じゅんいく》を重んじるようになったことにも、不満を抱いていた。そこに呂布が現れた。単純な呂布であれば操ることができると考え、曹操を裏切ることにしたのだ。

一方、張邈《ちょうばく》は、呂布との仲を曹操に疑われているとの疑心暗鬼にかられていた。そんなところに陳宮からの誘いがあったので、つい乗ってしまったのだ。

徐州から兵を引き戻した曹操軍と、呂布軍との決戦が始まった。ところが、意外なかたちで休戦を迎える。イナゴの大群が襲来したのだ。農作物はことごとく食い荒らされてしまった。もはや戦争どころではない。

人間同士の争いは、こうして、自然の力によって休戦へと追い込まれたのである。

一方、兗州《えんしゅう》のクーデターのおかげで助かった徐州は、牧《ぼく》の陶謙が病に倒れてしまい、後を劉備に託すとの遺言を残す。こうして、劉備は地位らしい地位を得るのであった。これもまたイナゴのおかげである。天は劉備に味方していた。この戦いの勝利者は劉備だったといえる。

3 下邳《かひ》の戦い――呂布最後の戦いの最終結果

（一九八年／〇曹操・劉備vs●呂布）

「昨日の敵は今日の友」だったり、「昨日の友は今日の敵」だったりするのが、この時期である。裏切りに次ぐ裏切り。その中心に常にいたのが、呂布だった。これまでにも、義理の親子の縁を結んだ、丁原《ていげん》と董卓《とうたく》の二人を殺している。

その呂布が、イナゴの大群のおかげで休戦となった曹操との戦いの後、徐州の劉備のもとに助けを求めてやってきた。敵（曹操）の敵（呂布）は味方、という言葉もあるが、劉備は呂布を迎え入れ、客将として厚遇することにした。いずれ曹操とは戦う日が来るだろうから、それに備えるためであった。

曹操の謀略により、劉備は袁術《えんじゅつ》と戦うことになる。袁術が徐州を狙っていると思い込んだのだ。劉備軍は出兵したが苦戦していた。すると、その留守の間に、呂布が裏切り、本拠地の下邳《かひ》を乗っ取ってしまった。「庇《ひさし》を貸して母屋《おもや》を取られる」とはこのことだった。これが第一段階である。

劉備は呂布との戦いは選ばず、降伏し、その軍門に下った。主客逆転である。

曹操への恨みから、呂布は今度は袁術と同盟を組もうと接近する。劉備はその間に曹操を頼ることにして、向かう。曹操の陣営では、この際、劉備を殺してしまったほうがいいと進言する者がいたが、英雄・豪傑が好きな曹操は、器の大きいところを示し、劉備一行を迎え入れる。

こうして劉備は曹操の客将となり、一九八年、徐州《じょしゅう》奪還のため、曹操とともに呂布と戦う。

曹操・劉備軍は、徐州に攻め入ると、勢いに乗って、本拠地の下邳まで到達する。呂布は籠城《ろうじょう》をしいられた。これが、曹操の戦略だった。呂布は豪傑であり、平地での戦いでは自ら先頭に立つので、強い。だが、籠城には弱いと見たのだ。

曹操はさらに、堰《せき》を切って、下邳を水攻めにした。呂布軍もふんばり、三ヶ月は持ちこたえたが、兵士たちの士気は衰えてしまった。

呂布自身の気力も萎えていた。すでに、籠城に入る前に曹操からの使者がきて、「命は取らないから降伏しろ」と勧められたときの迷いをひきずっていたのだ。そのときは、かつて曹操の側近でクーデターを起こし呂布の参謀になっていた陳宮《ちんきゅう》が、曹操の性格からして、呂布は許しても自分は殺すだろうと考え、徹底抗戦を進言し、呂布は悩みながらも、それに従ったという経緯があった。

だが、もはや徹底抗戦派は陳宮だけだった。降伏に傾いていた呂軍の他の武将たちが陳宮を捕え、そのまま投降《とうこう》した。呂布は孤立無援となり、降伏以外の道はなかった。

捕えられても、呂布はまだ生きようとした。曹操の前に縛られたまま連れてこられると、呂布は「縄がきつすぎる」と文句を言った。曹操は「虎を縛るのだから、きつくて当然だ」と応じた。呂布は、しめた、と思ってこう言った。

「あなたの恐れる私がこうやって捕らわれの身となったわけだから、もはや天下に憂《うれ》えるものはないはず。私に騎兵をお預けになれば、あなたのために天下平定してみせよう」

曹操は、一瞬、「そうしようか」と思った。これまでにも昨日までの敵を許し味方にしてきたことが何度もあった。だが、隣にいた劉備が言った。「呂布が丁原《ていげん》や董卓《とうたく》と親子の縁を結びながらも、どのような行動に出たかを、お忘れになったのか」

そうだった。曹操は冷静になり、呂布の処刑を決めた。刑場に連れて行かれる呂布は「劉備こそ、油断も隙もない男だ」と叫んだ。

「下邳の戦い」は、「三国志」前半の最重要人物、呂布の最後の戦いだった。戦略上は、籠城に追い込み、また地形を利用して水攻めにした点が語られる戦いだが、それ以上に「三国志」の物語上での位置付けは大きい。裏切りに次ぐ裏切りの人生を送り、二度の親殺しという悪名を着せられた稀代の悪人、呂布の最期だからだ。

呂布がここで勝っていれば、あるいは、もっと早く降伏し、処刑されなければ、また別の評価が下されていたことだろう。裏切り続けているのは、呂布だけではなく、劉備もなかなかのものだし、曹操も同じだった。「勝てば官軍」という言葉があるように、歴史は常に勝利者の視点から描かれる。そんなことを考えさせられる、呂布の最期の場面である。

4 官渡《かんと》の戦い——兵力一〇分の一の曹操が勝てた理由

（二〇〇年／○曹操vs●袁紹）

日本史でも、西暦一六〇〇年という区切りのいい年に、天下分け目の大決戦、関ヶ原の役が起きているが、中国史では、西暦二〇〇年の官渡《かんと》の戦いが、同じように天下分け目の決戦となる。長年にわたり睨み合っていた曹操と袁紹とがついに激突するのである。

共闘して呂布を倒すまでは、劉備と曹操は仲がよかったわけだが、その後、劉備は後漢の献帝《けんてい》の舅《しゅうと》が企てた曹操暗殺計画にかかわり、それがばれそうになると、

■官渡の戦い

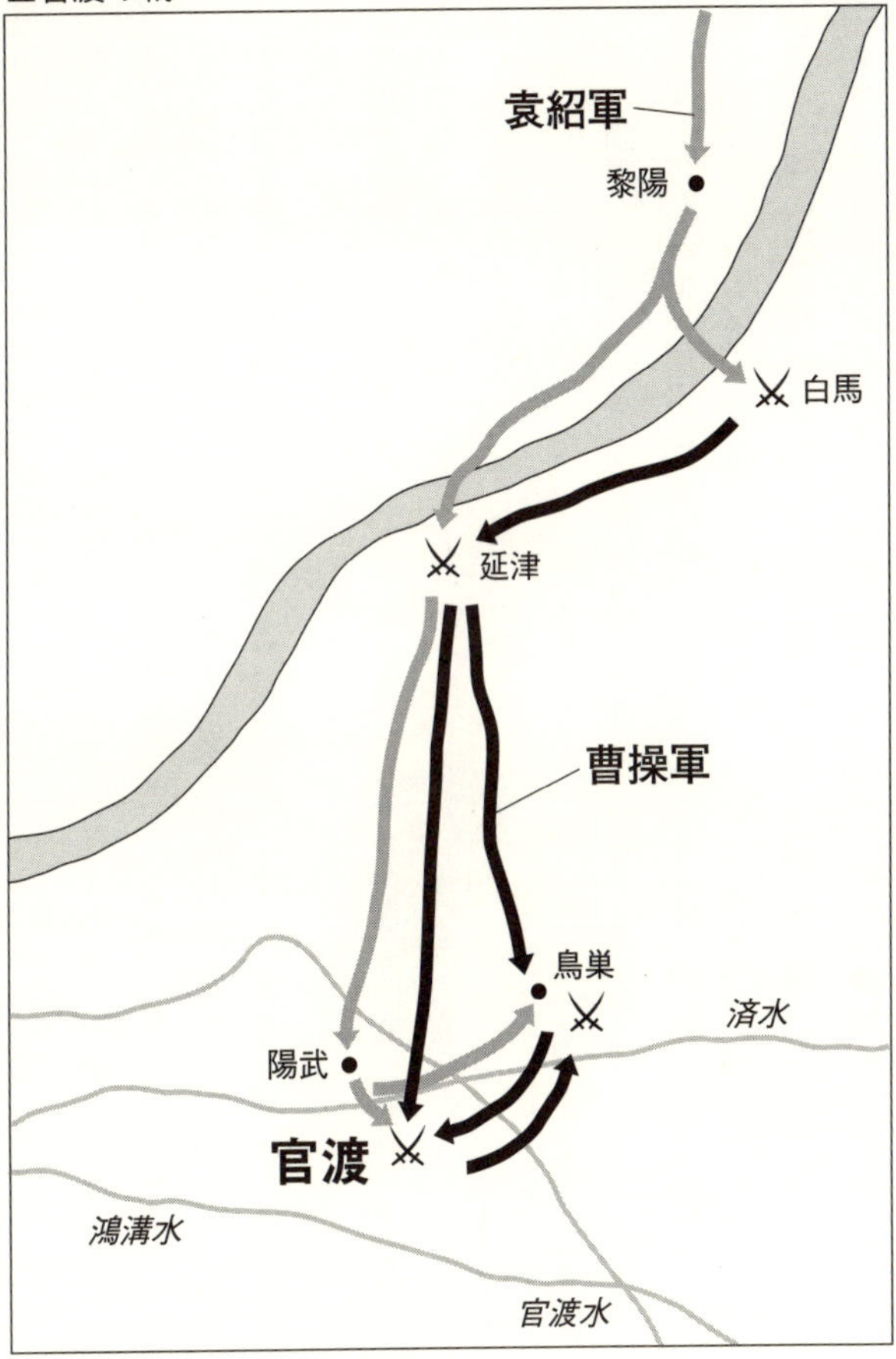

曹操のもとから逃げ、袁紹の陣に加わっていた。

官渡の戦いは、この劉備を討伐するという名目で始まった。側近たちが止めるのも聞かずに、曹操自らが劉備討伐のため出陣したのである。かつて自ら出陣した際、その留守を呂布によって狙われたが、今度も劉備を討伐しているあいだに袁紹軍が本拠地を襲う恐れがあった。だが、曹操は袁紹にはそのような度胸がないことを見抜いていた。

劉備軍は曹操率いる大軍にひとたまりもなく、あっけなく敗北。劉備は袁紹のもとに逃げた。その際、妻子を置き去りにしてしまい、曹操側に捕らわれてしまう。関羽もまた曹操の捕虜《ほりょ》となってしまった。

ここにきて、ようやく袁紹は出陣する。その兵力は七十万、対する曹操軍は七万、と「演義」にはあるが、実際は袁紹軍は十万程度、曹操軍は一万くらいだった。いずれにしろ、袁紹軍は、曹操軍の十倍だったらしい。普通なら、袁紹軍の圧勝のはずだが、結果は逆だった。

官渡は、河南《かなん》地方の要衝《ようしょう》で、黄河の南にある。袁紹は黄河の北を領地としており、対する曹操は黄河の南から、進軍した。まず、白馬《はくば》で曹操軍が負ける。だが、この戦いで袁紹軍の勇将たちが戦死してしまう。

白馬から撤退した曹操軍は、延津にあった拠点も捨てて官渡に立てこもった。持久戦にもっていこうとしたのである。攻撃する袁紹軍は高い櫓《やぐら》を組み、その上から矢を雨のように降らせる。すると曹操軍は、テコの原理で大きな石を飛ばす投石器で櫓を破壊する。さらには、トンネルを作っての攻撃など、いまでいうハイテク戦が展開される。

持久戦に持ち込むまでは作戦通りだったが、それもかなりの長期戦となってくると、食糧も乏しくなってきて、さすがの曹操も、講和を考える。だが、それを参謀の荀彧《じゅんいく》が諫《いさ》める。「至弱《しじゃく》を以って至強《しきょう》にあたっているのだから、苦しいのは当然。転機はいずれ訪れる」という内容の有名な手紙が届くのだ。もともと十対一の兵力なのだから、苦戦は当然。むしろ、これまで持ちこたえているのは、こちらがかなり強いということでもある。

袁紹の強みは、何といっても、圧倒的な数の兵力にあった。だが、それは同時に最大の弱点にもなった。補給の問題である。十万もの兵を毎日食べさせなければならないのだから、その食糧の確保と輸送は、とんでもない大事業となる。

やがて、曹操軍に朗報がもたらされた。袁紹の参謀の一人が、自分に対する評価が低いと腹を立て、曹操軍に投降してきたのだ。曹操が、たとえ昨日までの敵でも能力があれば厚遇することは広く知られていた。それが、このような危機を救ったのである。参謀は、袁紹軍の食糧輸送拠点が烏巣《うそう》であるとの情報をお土産として持ってきた。

その情報をもとに、曹操は自ら精鋭部隊を率いて、輸送拠点の烏巣を奇襲。制圧してしまう。この知らせは袁紹軍に動揺をもたらし、「もはやこれまで」と、二人の武将が曹操に投降。これをきっかけに袁紹軍は総崩れしたのである。

曹操は敗走する袁紹を打ち殺すことはできなかったが、この敗戦から二年後、袁紹は失意のうちに亡くなった。

5 長坂坡《ちょうはんば》の戦い――張飛の大活躍はどこまで史実なのか

（二〇八年／○曹操vs●劉備）

官渡《かんと》の戦いでは袁紹《えんしょう》側に属していた劉備は、曹操と戦うためには荊州《けいしゅう》の劉表《りゅうひょう》と同盟を組むべきと袁紹に進言し、自らその使者となり、南へ向かった。一方、曹操の捕虜となりながらも厚遇されていた関羽は、劉備のもとに帰ることを許され、劉備の妻子とともに、劉備と合流した。

こうして劉備は、袁紹軍の敗北の巻き添えとならず、生き延びた。その劉備は、荊州で客将として迎えられていた。

劉備の担当は荊州の北部の守りであった。曹操が攻めてくるとしたら北からである。最初に衝突する重要な任務であった。だが、曹操が河北平定に忙しく攻めてこなかったので、劉備は「髀肉《ひにく》の嘆《たん》」（三六〇頁参照）をするほど、暇だった。そして、このあいだに諸葛孔明と出会う。

曹操はとりあえずは黄河の北側、かつて袁紹が支配していた地の制圧に専念していた。袁紹の死後、その子たちが内紛を繰り返していたのに乗じて、次々と城を落としていったのである。その間、黄河南の東側は孫権が地盤を固めており、西は劉表が一種の独立国として、持ちこたえていた。

だが、河北平定が終わり、いよいよ曹操の南下が始まる。

曹操にとって幸運なことに、南下を始めた途端、相手の劉表が病死した。劉表の後継者は溺愛されていた末っ子の劉琮《りゅうそう》だった。後継者争いで敗れた長男の劉琦《りゅうき》は、身の危険も感じ、地方の郡の太守《たいしゅ》になった。劉備はこの長男の劉琦と親しかった。そのため、劉琮は劉備をあまりよく思っていなかった。

曹操軍が攻めてくると、劉琮はあっさりと降伏することを決めた。勝てない、と思ったのだ。諸葛孔明はこの機会に、劉表を襲い荊州を乗っ取るべきだと進言したが、この案を「同族を討つことはできない」と劉備は斥《しりぞ》ける。曹操軍は近づいている。劉備は、新野《しんや》から、南の樊城に移動し、そこからさらに南の江陵《こうりょう》に向かうことにした。江陵は物資の集結地でここを制圧できれば、曹操とも対抗できると踏んだのだ。劉備軍は曹操軍に追われるようにして、南下した。

この劉備の戦略は、予期せぬことで失敗に終わる。劉琮の降伏に納得できない荊州の民が次々と劉備軍に参加してきたのだ。彼らは曹操に支配されることを望んでいなかった。もはや、頼れるのは劉備しかいない。その数、数十万。そんな大人数をともなっての移動は速度が遅くなる。幕臣たちは反対したが、劉備は「頼ってくる人々を見捨てられるか」と、ついてくることを許す。

かくして劉備軍は超大所帯となり、のろのろと進軍した。

曹操は劉備の目的地が江陵だと見抜いた。そこを制圧されると、あとあとやっかいなことになるので、断固、阻止しなければならない。曹操は、騎馬部隊五千人に劉備追撃を命じた。

徒歩で進む十数万と、馬で駆ける五千人。この競争の勝負はやる前から決まっていた。坂が何里にもわたって続く、その名も長坂坡《ちょうはんぱ》で、ついに曹操軍は、劉備軍を捕えた。もともと兵士ではない荊州の民間人たちは、ひとたまりもない。劉備軍の兵たちも次々と倒れていく。劉備自身、妻子のこともかまわず、一人で逃げるのが精一杯という大敗北に終わった。

置き去りにされた劉備の妻子は、趙雲《ちょううん》の活躍で助かった。敵の真っ只中にいる夫人と子を、単身で助け出したのである。このとき、ひとり、敵陣のなかに向かう趙雲を見て、「裏切った」と思った者が劉備にそう伝えるが、「趙雲はそんな男ではない」と叱りつけたというエピソードも残っている。

そして、ここで大活躍するのが、劉備の義兄弟、張飛《ちょうひ》だった。

劉備軍のしんがりを努めたのが、張飛。このとき、張飛は、わずか二十騎しか従えていない。押し寄せる曹操の大軍。主君である劉備が橋を渡るのを見届けると、張飛は橋を落とし、「俺が張飛だ。死んでもいい奴はこっちへ渡ってこい」と天地が裂けるほどの大声で怒鳴った。曹操軍の兵士は誰一人、一歩も動けなかったのである。

このエピソードは、誇張して伝わり、張飛の大声で橋が落ちたという説もあるほど。曹操軍が追撃を諦めたのは、張飛一人に脅えたというよりも、そんな少ない人数でしんがりをつとめるはずがなく、どこかに多くの伏兵が潜んでいる罠だと思ったかららしい。

いずれにしろ、敗戦ではあったが、張飛にとっては一世一代の名場面を与えられた戦いであった。

▼▼▼6 赤壁《せきへき》の戦い――勝敗を分けたのは本当に「風向き」か

（二〇八年／〇孫権・劉備 vs ●曹操）

「三国志」をまともに読んだことのない人でも、名前くらいは知っているのが「赤壁の戦い」であろう。もっとも大規模な戦いで、戦死者の数も多い。

曹操軍は劉備が狙っていた江陵《こうりょう》を制圧した。こうして長江《ちょうこう》の要所をおさえると、さらに長江を下り、陸口を目指した。陸口は水陸の交通の要《かなめ》だった。

敗走した劉備は夏口でとりあえず落ち着き、戦略の建て直しをはかった。単独で曹操軍と戦うのは、もはや不可能だった。劉備は孫権《そんけん》と同盟を結ぶことを決め、諸葛孔明が使者として孫権のもとに出向き交渉、同盟が成立した。

曹操軍は、制圧した荊州《けいしゅう》の兵も編入され、その数、二十万に達していた。対する孫権・劉備連合軍は五万でしかないが、もともと孫権の呉は水軍の強さでここまできたような国だった。それに対して北での戦いに明け暮れていた曹操は、騎馬部隊での戦いが得意で、水軍での本格的な戦いには慣れていない。さらに戦いは長期化しており、兵たちは疲労していた。

そんな背景のもと、両軍は、長江の南岸、赤壁でついに対峙した。

序盤の小競り合いでは、霧のために曹操軍が方向を見失い、孫権・劉備連合軍が勝ち、陸口を制圧した。曹操はうかつに挑発に乗ると不利とみて、睨み合ったままの持久戦に突入した。

曹操軍は長江に船を並べ、それを岸に連結させ、水上の大要塞を築いていた。船が揺れて船酔いする兵が多かったので、つなげることで揺れを少なくしていた。これが、致命的な失敗につながる。さらに、疫病がはやりだし、南の孫権軍の兵たちには免疫があったが、北からの曹操軍の兵士たちにはそれがなく、病に倒れる兵が多かった。だが、もはや、引くに引けない。

孫権軍の参謀、周瑜《しゅうゆ》は、曹操軍の船が密集し、さらに繋がっていることから、焼き討ちすれば、一瞬にして壊滅できると考えた。だが、火を放つにはかなり近づかなければならない。

そのころ、孫権軍の老将、黄蓋《こうがい》が密かに曹操と通じていた。「折りをみて投降したい」というのだ。最初は疑った曹操だが、これを信じることにした。

だが、これが周瑜の謀略だった。

十二月だったが、その日は快晴で日中は暑いくらいだった。夜になると、東南の激しい風が吹き出す。周瑜は、今夜だ、と決断した。黄蓋は十艘の軍船に薪と油を積み、長江を進み、曹操軍に近づいた。そして、全員が「投降する」と叫んだ。曹操軍は、かねてからそのときがくるのを知っていたので、何の警戒もせず、黄蓋の船を進ませた。「今だ」と黄蓋が点火を命じると、船は炎上、そのまま曹操軍の真っ

■赤壁の戦い

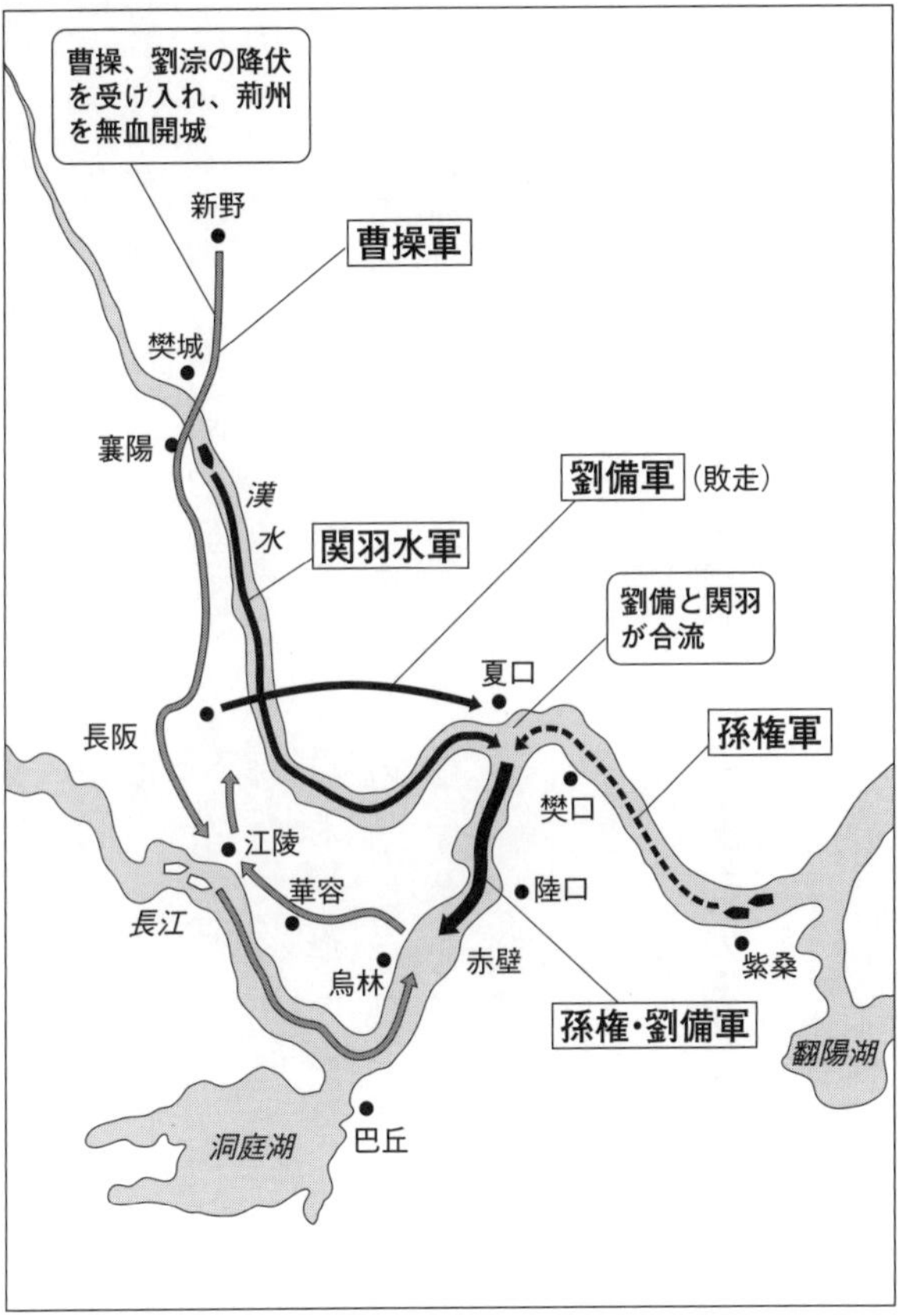
曹操、劉淙の降伏を受け入れ、荊州を無血開城
新野
曹操軍
樊城
襄陽
漢水
関羽水軍
劉備軍（敗走）
劉備と関羽が合流
夏口
孫権軍
長阪
樊口
江陵
華容
陸口
長江
烏林
赤壁
紫桑
孫権・劉備軍
翻陽湖
洞庭湖
巴丘

只中に進んだ。火だるまとなった船が水面の要塞を襲う。それぞれの船は繋がれていたため、自由に動くことができない。次々と燃えるだけであった。兵たちは次々と焼け死ぬか、河に飛び込み、溺れ死ぬかだった。

その火は岸にあった曹操軍の陣営にまで延焼。曹操は誇っていた水面の要塞が燃え上がるのに呆然とする間もなく、ひたすら逃げた。その逃避行《とうひこう》は四日に及び、沼にはまり命を落としそうになるなど、散々な目にあい、命からがら、江陵《こうりょう》に辿りついたのであった。こうして、曹操の河南制圧の野望は潰えたのである。

なお、この赤壁の戦いで、諸葛孔明が東南の風を吹かせるなどの大活躍をしたかのように「演義」では描かれているが、史実としては、孔明はこの戦いには、まったくかかわっていない。

7 帝軍山《ていぐんさん》の戦い――老人の黄忠が本当に勝利の決め手？

（二一九年／○劉備 vs ●曹操）

蜀《しょく》の五虎将軍のひとり、黄忠《こうちゅう》の最大の戦功がこの帝軍山《ていぐんさん》の戦いで、曹操軍の夏《か》侯淵《こうえん》を倒したことである。これが決め手となり、劉備軍は勝利するわけだが、そこに至るまでを降り返ってみよう。

孫権と劉備の同盟は、荊州《けいしゅう》の支配権を巡り、いったん瓦解《がかい》するが、荊州の東と西を分けることで合意に達する。だが、両者の間には、わだかまりが残っていた。

一方、孫権は曹操とも和解し、臣下となることを宣言した。こうして、曹操と孫権とは、とりあえず敵対関係ではなくなった。曹操にとって、残る敵は劉備だけである。

曹操は、二一五年に劉備の支配する蜀《しょく》の北にある漢中に進軍し、これを制圧した。そのまま蜀に攻め入ろうとすればできたのだが、後を夏侯淵と張部《ちょうこう》に託し、都に帰ってしまう。

劉備としても、戦略上、漢中を手に入れたい。少なくとも敵の手にあるのは困る。そこで、まず、張飛に命じて、張部の守る巴西《はせい》を攻めた。砦《とりで》にこもり、出てこない張部にてこずった張飛は、毎日酒を飲み、酔っ払って相手を油断させた。ついに張部が誘いにのって夜襲をしかけてきたので、それを待ち伏せ、撃退、砦の奪取にも成功する。

劉備は帝軍山に本格的な陣を張った。曹操軍も帝軍山を取り囲むような陣を敷いた。指揮をとるのは、曹操の従兄弟でもある夏侯淵。張郃よりもはるかに手強い相手である。

砦を失った張郃は、あやうく打ち首になるところだったが、もう一度、チャンスを与えられ、劉備軍を攻める。反撃に出るための劉備軍の軍議では、勝つためには、張飛に行ってもらうしかない、と決まりかかる。

ところが、それに待ったをかける老人がいた。黄忠である。「ぜひ、私に行かせてください」という。諸葛孔明は「そのお年では難しいのでは」となだめるが、「ぜひ、私に」と言ってきかない。そこで、副将として厳顔をつけることで、黄忠に出陣命令が下った。厳顔もまたかなりの高齢だったが、この老人コンビが大活躍して、張郃を倒す。

勢いづく黄忠は、今度もまた手柄を立てようと張り切っている。だが、孔明は、「今度はもっと強い相手なので、関羽でないと相手にならないだろう」と言う。黄忠は、それに抵抗する。「年といっても、まだ七十になっていない。まだまだ戦える。そんなに言うのなら、今度は副将もいらない。一人で戦ってみせる」。そこまで言うならまかせてみよう、とまたも黄忠に出陣命令が出された。

これは、黄忠を発奮させ、普段以上の力を出させようとする諸葛孔明の計算だった。

孔明の狙いはあたり、黄忠は大奮闘する。プロ野球で引退間際のベテラン選手が優勝を決める一戦に代打で出て、ホームランを打つようなものかもしれない。つまり、この一戦は、諸葛孔明の人材登用術のうまさを象徴するものだった。

黄忠は主力部隊とは離れ、伏兵《ふくへい》としての役割が与えられた。夜になると、劉備軍の主力は山を下った。夏侯淵の陣営は帝軍山を取り囲むように長い柵を築いていたので、その東側を夜襲し、火攻めを仕掛けたのだ。陣営の東側を守っていたのは張部、南側に夏侯淵がいた。東側が敵の夜襲を受けているとの報告を受けた夏侯淵は、張部にまかせたのでは危ないと思い、援護に向かった。そこに、伏兵として潜んでいた黄忠の部隊が突入してくる。まさに、奇襲である。夏侯淵の陣営は混乱し、分断された。

両軍入り乱れての白兵戦《はくへいせん》となり、黄忠は夏侯淵と一対一で戦い、見事、その首をとったのであった。

曹操率いる大軍が到着したのは、その直後だった。劉備は籠城作戦をとり、それは二ヶ月に及んだ。遠くから攻めてくる大軍にとって、長期戦は補給の問題が生じる。曹操軍は二十万人もいたので兵糧《ひょうろう》が尽き、ついに曹操は撤退を決断。漢中は劉備のものとなったのである。曹操が死ぬのは、その翌年であった。

8 樊城《はんじょう》の戦い――関羽の敗北が自業自得といわれるのは？

（二一九年／○孫権・曹操 vs ●劉備〈関羽〉）

劉備《りゅうび》の蜀《しょく》と孫権《そんけん》の呉《ご》の間に位置するのが、荊州《けいしゅう》であり、それをめぐり両者は争ったが、東西に分割することで、落着していた。その荊州西側の全権を劉備からまかされていたのが、関羽だった。大出世といっていい。だが、長年一緒にいた劉備と関羽が、距離的に離れてしまうことも意味する人事だった。関羽には劉備政権の中枢からはずれてしまったという思いがあったかもしれない。そこに、帝軍山の戦いでの戦功から、黄忠が将軍になったという人事が発表された。関羽は黄忠を老人だとばかにしていたので、自分と同格の将軍になったことがおもしろくなかった。それならば、俺はもっと働いてやる、とライバル心を燃やしたのである。

関羽は、荊州から北上し、曹操の戦略拠点である樊城《はんじょう》を一気に攻めた。樊城を守っているのは、曹操の従兄弟でもある曹仁。折りからの大雨で、曹操が派遣した援軍の于禁《うきん》は立ち往生する。また、樊城そのものが水没の危機にあった。

天候を見越していた関羽軍は船を用意していたので、魏軍に対して船上から攻撃を加えた。

快進撃を続ける関羽。このまま魏の都の許都《きょと》までも行けそうだった。だが、ここに例によって補給の問題が生じていた。

一方、その関羽のもとに孫権から、縁談の申し出があった。

関羽の最大の任務は、「天下三分の計」という蜀の基本戦略上、孫権との関係を維持することにあった。曹操と孫権の双方を敵に回しては、とても勝ち目はない。とりあえずは孫権と同盟関係を維持するというのが、諸葛孔明の立てた戦略である。そのため、劉備は孫権の妹と結婚し、姻戚関係も結んでいた。そして今度は、孫権のほうから、自分の息子と関羽の娘を結婚させるのはどうかとの申し出がきたのである。孫権としても、関係を強化したがっていたのである。ところが、これを関羽は断ってしまう。これが、孫権を激怒させた。

補給がうまくいかず、米が乏しくなったので、関羽は呉の領土の田から、無断で米を奪ってしまった。国境協定違反である。孫権は、関羽と戦う大義名分を得た。

関羽は荊州を留守にするにあたり、呉への警戒から、備えを固めるように部下に命じていた。ところが、呉側で、荊州を守っていた将軍、呂蒙《りょもう》が病気を理由に離任、そのかわりに、若く無名の陸遜《りくそん》が就任した。これは、孫権の謀略だった。陸孫など恐れる必要はないと判断した関羽は、荊州を守っていた予備兵を、樊城に向かわせた。

ほぼ空《から》同然の荊州に、病気だったはずの呂蒙が進撃した。守っていた関羽の部下は、補給に失敗したことを関羽から叱責され、「首を洗って待っていろ」と言われていたので、関羽が無事に戻れば処刑されると思い、呉に寝返ってしまった。こうして、荊州は呉の手に落ちた。関羽は帰るところがなくなってしまう。

それを見て、形勢を立て直した魏軍が北から南下してくる。樊城を包囲していた関羽は、北からの魏軍と、南からの呉軍に挟み撃ちされてしまった。敵地で孤立した関羽は援軍を求めるが、なかなかこない。要請を受けた蜀の武将たちは、関羽と仲が悪く、それぞれの持ち場を離れるわけにはいかないとの口実で、兵を出さなかったのだ。

関羽は樊城から撤退。江陵《こうりょう》を目指すがそこも呉軍の手に落ちていると知り、麦《ばく》城《じょう》という小さな城に向かう。そこでも奮戦するが、時間稼ぎしかできず、麦城を脱出してしばらく行ったところで、待ち伏せしていた呉軍に捕えられ、斬られてしまった。

「三国志」主要人物の最初の死であった。

劉備は関羽と荊州を失い、諸葛孔明の壮大な戦略は、瓦解し始めていた。

9 夷陵《いりょう》の戦い——劉備の仇討ちはどこでしくじった？

（二二二年／〇孫権 vs ●劉備）

義兄弟の関羽《かんう》が孫権《そんけん》軍によって殺されてしまったことで、劉備は仇討ちを決意した。その出陣を何よりも喜んでいた張飛も、開戦直前に部下に殺されてしまう。劉備は、いまふうにいえば、完全にキレていた。開戦直前、呉からは関係修復のための書状が届いており、蜀にとってかなり有利な条件だったので、諸葛孔明をはじめとする参謀たちが戦争に反対した。だが、「損得ではない。関羽の弔《とむら》い合戦をするのだ」と劉備は制止を振り切って、出撃した。

孫権は、劉備との和解を諦めた。こうなったからには、魏との関係を強化するしかない。曹操の死後、帝国となっていた魏に対し、臣従を誓い、主従関係を結んだのである。

こうなれば、呉が攻撃された際、魏には助ける義務が生じる。日米安保条約みたいなものである。

劉備の軍勢は、最初の交戦地である巫城《ふじょう》で勝利すると、快進撃を続けた。荊州《けいしゅう》の入り口である夷陵《いりょう》を目指し、長江の南側を山に沿って進み、一定の間隔のところに仮設の城を築き、補給路を確保していった。迎え撃つ呉軍の司令官は陸遜である。陸遜は、味方から無能なのではないかと噂が立つほど、ずるずると後退を続け、ついに夷陵まで下がってしまった。

だが、これこそが陸遜の戦略であった。蜀軍は、二百キロにわたる長い陣となっていた。これまでの失敗から補給路の確保をするために、逆に長大な陣となってしまったのだ。

夷陵に到達した劉備を陸遜が待ち構えていた。しかし、攻めてこない。劉備も、しばらく様子を見ることにした。睨み合いが始まった。ところが、それは四ヶ月もの長期にわたってしまった。決戦の火蓋を切ったのは、陸遜だった。夜、急襲し火攻めしたのである。長期にわたる睨み合いで、蜀軍が疲労し、油断するのを待っていたのだった。

蜀軍の陣営が次々と燃え落ちる。別働隊が退路を遮断。劉備は何が起こったのかも分からないまま、逃げることになった。完敗である。

数万の兵を失い、ごく少数の供だけを従えて、蜀の領土に辿りつき、白帝城《はくていじょう》にこもった劉備は病に倒れ、そのまま都である成都に帰ることもなく、亡くなった。

10　五丈原《ごじょうげん》の戦い――長期戦のために孔明がとった大作戦とは？

（二三四年／魏〈司馬懿〉vs●蜀〈諸葛孔明〉）

劉備亡き後、その夢である漢王朝の復興による天下統一を実現させるべく、諸葛孔明は奮闘した。夷陵《いりょう》の戦いでの大敗で国力も衰えていたので、産業を復興させ、国家そのものの立て直しから手をつけなければならなかった。その一方で、南方の異民族たちの反乱の鎮圧にも出向いた。

そして、五年後の二二七年、諸葛孔明は、ようやく宿願である魏討伐撃を開始する。

これを孔明の「北伐」といい、第五次までおこなわれた。つまり、四回は失敗に終わったのである。では最後の五回目はどうだったか。

敵陣に攻めていく場合の最大の問題は、いうまでもなく補給である。孔明が立てた戦略は漸進《ぜんしん》戦法であった。魏の領土を少しずつ制圧し、蜀の支配化に置き、後方を固めた上で、次に進むのである。次に進んだところで勝てば、また進めばいいし、負けてもすでに制圧したところに戻り、立て直せばいい。長期戦になることは覚悟の上での戦法であった。

諸葛孔明は出発にあたり、劉備の息子で二代目の皇帝となっていた劉禅《りゅうぜん》に「出《すい》師《し》の表」を上書した。これは悲壮感漂う内容のもので、これを聞いた将たちは涙し、一致団結して戦う決意を新たにしたという。

だが、北伐は四回とも失敗に終わった。やはり、補給が常に敗因のひとつとなっていた。第四次から三年たった二三四年、諸葛孔明はついに第五次北伐を決断した。迎え撃つ魏軍の大将軍は司馬懿《しばい》。

両軍が対峙したのは、五丈原《ごじょうげん》だった。ここは台地でひょうたんのような形をしていた。ひょうたんの首にあたる狭い部分が五丈しかないのでこの名がつけられていたわけだが、孔明が本陣を置いたのは、この部分だった。孔明が従える軍勢は、六万あまり。

一方の魏軍は、三倍近い一六万から一七万の兵がいた。台地の下には川が流れており、その川を背にして、司馬懿は砦を築いた。魏軍が攻めるには、台地を上っていかなければならず、上で待ち構えている蜀軍に狙われやすい。といって、蜀軍が攻め下り、両軍が激突すれば、兵力に圧倒的な差があるので、苦戦は必至である。どちらも、動けなくなった。

例によって、持久戦となったのである。となれば、ホームで戦う魏のほうが、アウェイで戦う蜀よりも有利である。

諸葛孔明も、これまでの敗戦でいやというほど、補給については分かっていた。

物資の輸送を楽にするためのさまざまな道具も開発してきたが、いずれも決定的な解決にはならなかった。そこで孔明が考えたのは、兵糧を自国から運んでくるのではなく、敵地で開墾し、食糧を「作る」ことだった。そのための屯田《とんでん》（土地を開墾して田にすること）が実行に移された。これが秘策だったのだ。

その一方で孔明は、何度も司馬懿を挑発し、戦闘に持ち込もうとしていたが、待てば待つほど優位に立つ司馬懿は挑発に乗らなかった。

対峙しているあいだ、両軍の間には使者のやりとりがなされていたが、あるとき、司馬懿は蜀の使者に孔明の日常生活について質問した。すると使者は、主がいかによく働くかを得意げに説明した。「朝早くに起き、眠るのは夜中です。杖打ち二〇回以上の刑の裁決は自らおこない、処刑にも必ず立ち合います。食事は少ししかとりません」

これを聞いて、司馬懿は「そんな生活ではからだがもたないのではないか」と見抜いた。事実、孔明の体力は限界にきていた。

四月に挙兵し、五丈原に陣を敷いてから四ヶ月たった八月、諸葛孔明は陣中で亡くなってしまうのである。五四歳だった。いまでいう過労死だろう。

孔明は、自分の死後、どのように撤退するかを具体的に細かく指示してあった。そのなかには、自分の姿に似せた人形を作っておくように、というものもあった。孔明の死を察知した魏の司馬懿は、攻撃を命じた。ところが、死んだはずの孔明がいた。司馬懿は慌てて、兵を引いた。実は、人形だったのである。

孔明の死を察知し、攻撃を仕掛けてきた魏軍はこのように翻弄され、蜀軍は無事に撤退できたのである。五丈原の近くに住む人々は、「死せる孔明、生ける仲達《ちゅうたつ》を走らす」と語りあい、この言葉は今も有名だ（仲達とは司馬懿の字《あざな》）。

四章　『三国志』その戦略・計略・謀略

白兵戦《はくへいせん》や武将同士の一対一の勝負の名場面も数多くあるが、「三国志」での戦争は、謀略戦が多い。懐柔《かいじゅう》、裏切り、主君殺し、見せかけの恭順《きょうじゅん》など、さまざまな謀略が描かれる。体育会系の戦いのドラマのように見えて、オタクたちの間で人気があるのも、そこに理由がありそうだ。この章では、代表的な戦略、謀略、計略を紹介する。なかには実際のビジネスでも使えそうなものもあるが、こんなことを本当にしたら、嫌われるので注意しよう。

1 天下三分《てんかさんぶん》の計——どこをどうやって三つに分ける？

諸葛孔明《しょかつこうめい》が、劉備玄徳《りゅうびげんとく》に初めて会ったときに唱えた戦略が「天下三分の計」である。以後、劉備と諸葛孔明はこの基本戦略に沿って行動することになり、ひいては中国全体を動かすことになる。いわば、「三国志」全体のテーマともいうべきものである。

劉備と孔明が会った時点では、中国で圧倒的な勢力を誇っていたのは、曹操《そうそう》である。長江《ちょうこう》の北側、中国全土のほぼ半分は曹操が制圧していた。それに対抗する大きな勢力としては、長江の南側の東部を制圧している孫権《そんけん》がいるくらいだった。劉備には領土もない。客将の身の上でしかない。

そこで、どうするか。天下統一は、とりあえず諦める。だが、このままでは曹操の天下だ。それを防ぐためには、天下を三つに分ける。ひとつは曹操が支配する河北《かほく》。二つ目は、孫権が支配している長江南の東側。残っているのは、長江の南の西側である益州《えきしゅう》と荊州《けいしゅう》である。益州の劉璋《りゅうしょう》の政治は民の評判がよくないし、荊州の劉表は病気でそう長くない。荊州を手に入れ、それから益州に侵攻し、国を興す。さらに、西方や南方の異民族も味方にし、地盤を固める。隣の孫権とは同盟を結んでおく。こうして、天下をまず三つに分け、三国鼎立《ていりつ》を実現し、力を蓄える。その後、曹操と戦い、天下統一を実現する。

何とも壮大な計画である。まだ会社もないのに、その業界のトップに立ち、市場を独占するための計画を練るようなものだ。

これに対し、孫権の参謀だった周瑜《しゅうゆ》は、「天下二分の計」を唱えていた。彼は劉備のことなど眼中になかったので、河北はとりあえず曹操のものとして、河南全土を支配し、天下を二つに分け、それから最終決戦に挑み、曹操を倒すという戦略を立てた。

だが、この戦略は周瑜が若くして死んでしまったために頓挫《とんざ》し、諸葛孔明を得た劉備が、孫権の前に立ちはだかるのだった。

結果的に天下三分となったので、諸葛孔明は名戦略家として後世に残ったのである。

2

連環《れんかん》の計①――ヒロイン貂蝉《ちょうせん》はその後、どうなった？

「連環」とはその字のとおり、輪をつなぐ意味である。さて、どういう計略なのか。

董卓《とうたく》が権力をほしいままにし、これをどうにか倒したいと思っていた王允《おういん》が考え出したのが、この計略だ。

董卓を倒すには、その義理の息子で豪傑の呂布《りょふ》をまず倒さなければならない。いつもそばにいるからだ。だが、呂布に敵うような豪傑はいない。そこで、発想を変えて、二人の仲を引き裂くことにした。父子とはいえ、義理の関係。さらに、呂布はその前にも義理の父を裏切っている。

そこで、王允が考えたのが、女を使うことだった。

このあたりまでは実際にあった話らしい。結果的に呂布は董卓を裏切って殺してしまうわけで、その理由として一人の女性を争ったからだと伝えられている。

その話をもとに大胆にフィクション化され、貂蝉《ちょうせん》というヒロインが創作された。

以下はフィクションとしてのお話だ。

王允のもとには歌舞団の美しい娘、貂蝉が養われていた。主《あるじ》の王允の悩みを知った貂蝉は自らが犠牲になることを決意し、その旨を伝える。王允は深く感謝し、策略を練る。

まず、呂布と貂蝉を引き合わせた。あまりの美しさに、呂布は一目惚れする。貂蝉は呂布を好きになったふりをする。王允の計らいで、貂蝉は呂布の側室になることが決まる。呂布は貂蝉が屋敷にくるのを何日も待っているのだが、なかなかこない。王允を問い質すと、何と董卓が無理矢理に連れて行き側室にしてしまったという。呂布は激怒して董卓の屋敷に行き、貂蝉と会う。彼女は泣きじゃくり、「本当はあなたが好きなのに、無理矢理に連れてこられたのです」という。

呂布は前後の見境がなくなってしまい、そこに、王允がクーデターを誘いかけると、董卓憎しの思いにこりかたまっていたので、あっさりと承諾。

かくして、呂布は董卓を暗殺、王允のクーデターは成功した。だが、その王允の天下も、ごく短期間で終わる。王允は殺され、呂布はかろうじて都を脱出。その後の運命が二転三転するのは、ご存じのとおり。

では、貂蝉はどうなったか。

「演義」では、その後、貂蝉は死ぬまで呂布のもとで暮らしたことになっているが、吉川英治の「三国志」では、董卓の死を見届けると自殺してしまう。このほうがより悲劇性は高い。

3 離間《りかん》の計――相手の陣中に疑心暗鬼を起こさせる方法

曹操があやうく負けそうになった戦いで、敵側を分裂させることで、勝利を掴《つか》んだことがある。赤壁《せきへき》の戦いで負け、形勢を立て直すための一環として、漢中《かんちゅう》の張魯《ちょうろ》を討伐する遠征の途中、曹操は、馬超《ばちょう》と韓遂《かんすい》の連合軍と衝突したのだ。

この時代、敵と味方の組み合わせは、ころころと変わっている。今は仲がよくても、数年前までは戦っていた場合もあるし、その逆もある。馬超と韓遂の間にも過去にいろいろとあった。

もともと、馬超の父が韓遂と義兄弟の間柄だったのが、敵になってしまい、馬超の母は韓遂に殺されていた。この二人が同盟を組んだのは、曹操という共通の巨大な敵が出現したからであった。ところが、曹操と韓遂とは、昔からの知り合いでもあった。

曹操の参謀、夏詡《かく》は、こうした過去のいきさつを熟知した上で、「離間の計」を考え出した。馬超に、韓遂が密かに曹操と通じていると思い込ませようというものだ。

苦戦を強いられていた曹操軍は、馬超・韓遂連合軍から和議が提案されていたのを逆手にとり、韓遂との一対一の話し合いを求め、二人は互いの陣営から馬を進めて二人だけで話すことになった。ところが、曹操は昔話をするだけで、和議にはいっさいふれなかった。

韓遂が曹操と二人だけで話していたと部下から聞いた馬超は、「何を話したのか」と問い質す。

韓遂としては、「たいした話は出なかった。昔話をしただけだ」と答えるしかない。実際にそうだからだ。だが、その答えに馬超はかえって疑いをもつ。「きっと、俺には言えない話をしていたに違いない」と。

それからしばらくして、曹操から韓遂に書状が届いた。韓遂のもとに曹操から手紙が届いたことは、当然、馬超の耳にも入る。韓遂は、もともと隠すつもりもないので、それを馬超に見せた。ところが、それには書き直したあとがたくさんある。「さては、自分に知られては都合の悪い部分を消して書き直したに違いない」と馬超は思い込んだ。実は、曹操は、その手紙を馬超も見ると想定し、わざとあちこちを間違え、それを消して書き直した手紙を出したのだった。

こうして、馬超は韓遂のことが完全に信じられなくなり、口論から、韓遂の片腕を斬り落としてしまうのだった。

曹操は、二人が仲違いしたと察知すると、総攻撃をかけ、敵の混乱に乗じて、勝利したのである。

この計略、反間《はんかん》の計《けい》ともいう。

4 氷城《ひょうじょう》の計――本当に一夜で城ができたのか

豊臣秀吉の若い頃の成功談のひとつに、墨俣《すのまた》の一夜城《いちやじょう》の話がある。信長も驚くほどの短期間に城を建てた話である。秀吉の人脈の豊富さや人の動かし方のうまさを象徴するエピソードだが、もちろん、実際には一晩で城ができたわけではない。

「三国志」にも、一夜で城ができた話がある。こういう話はどこの国も好きなのだろう。

曹操《そうそう》が、馬超《ばちょう》と韓遂《かんすい》の連合軍と戦ったときのエピソードだ。曹操軍は、渭水《いすい》という大河の川岸に陣を敷いた。そこを、毎晩のように、馬超軍が夜襲を仕掛けていた。対抗するために、曹操軍は土塁《どるい》を積んで壁をつくったり、堀を掘るのだが、できかけたところを襲われたり、洪水にあったりして、なかなか強固な壁ができない。川岸の土なので小石まじりで、壁にするには脆《もろ》いことも、影響した。

困っていた曹操のもとに、ひとりの隠居老人、夢梅《むばい》が現れ、策を授ける。季節は冬だった。夢梅は、築いた土塁に水を打て、と教えたのである。

突貫工事で土塁が積み上げられると、曹操は、水をかけるように命じた。すると、朝になると、すべて凍っていた。脆いはずの土塁は、氷で固められ、強固な城砦となったのである。

▼▼▼5 二虎競食《にこきょうしょく》の計――どこまでビジネスに応用できる？

劉備のもとに呂布が逃げ込んだという知らせは、曹操を驚愕させた。この二人が組むと、かなり強そうだ。どうにかしなければならない。プロ野球のペナントレースにたとえれば、首位にいる巨人としては、阪神と中日が激しい二位争いをし星のつぶしあいをしている、というような状況が望ましいわけだが、実際の社会では、そう都合よく、二位と三位が争ってくれるとは限らない。

そのときに曹操の参謀、荀彧《じゅんいく》が提案したのが、この「二虎競食《にこきょうしょく》の計《けい》」。

空腹の二匹の虎がいる。そこに、エサとなるものを投げ込めば、二匹は争ってそれを奪い合う。どちらかが死ぬまでその戦いは続き、勝ったほうもまた傷だらけである。満身創痍《まんしんそうい》となった虎を討つのは簡単だ。こうすれば、二匹の虎の皮を得ることができる。これが、二虎競食の計である。

これを、劉備と呂布に応用しろ、というのである。この二人を争わせ、どちらかが相手を倒して勝てば、曹操にとっての敵は一人になる。

しかも、その残った一人もかなり弱体化しているだろう。どっちが勝っても、曹操にとって都合がいい。

だが、二人とも、反曹操という点で一致している。どうすれば、戦うか。

当時の劉備は徐州《じょしゅう》を支配していたが、それはあくまで実質的なもので、皇帝から正式に牧《ぼく》に任命されていたわけではなかった。そこで、曹操は皇帝の名のもとで、劉備を徐州の牧に正式に任命し、その一方で、密書を送り、呂布を討伐するようにという命令も出した。

劉備は、これを曹操の罠だと見抜き、呂布と協議し、戦うことはしなかった。

この計略は、あっさり見破られてしまったのである。皇帝の命令といっても、実際には曹操が出していることが劉備にバレていたのが、最大の理由。それに、この場合、エサが劉備にしか与えられていない。

呂布にも、劉備を倒せば牧にする、というような誘いを出せば、単純な呂布は騙されたかもしれない。

6 駆虎呑狼《くこどんろう》の計――陣地を留守にさせることは可能なのか

二虎競食の計があっさり失敗したので、次に荀彧《じゅんいく》が提案したのが、「駆虎呑狼《くこどんろう》の計」。

虎の前に豹が現れれば、虎は、穴を出て豹を追いかける。留守になった虎の穴を、狼が狙う。これを駆虎呑狼という。虎は劉備、狼は呂布である。豹に選ばれたのが、南陽《なんよう》の袁術《えんじゅつ》だった。

まず、劉備には帝からの勅使を出し「近頃、袁術が朝廷の命令に従わないので、これを討て」と正式な命令を出す。劉備の弱点のひとつが、皇帝の命令に逆らえない点だった。たとえ、現在の皇帝が曹操の傀儡《かいらい》に過ぎないと分かっていても、後漢王朝の末裔《まつえい》の一人として、皇帝の命令とあらば、動かざるをえない。

事実、劉備は悩んだ末、勅命である以上、南陽に向けて兵を出すことにした。留守を守ることになったのは、張飛《ちょうひ》。

一方、曹操は袁術に使者を出し、「劉備が南陽を討ち取りたいと帝に願い出た」と伝える。これで袁術は、劉備を迎え撃つ体制をとり、両者、激突となった。

一方、留守を守っていた張飛は酒に酔ってしまい、その隙に、荀彧の狙いどおり、呂布は裏切って徐州を乗っ取ってしまったのである。この作戦は見事、成功した。

7 虚誘掩殺《きょゆうえんさつ》の計――敵を誘い込んで倒す戦術の成功率は？

相手の裏をかく。これは戦いにおける基本中の基本といえる。だが、なかなか難しいのも事実。裏をかいたつもりが、さらにその裏をかかれる場合もある。

董卓側の武将の甥である張繍《ちょうしゅう》は、後に降伏して曹操《そうそう》の有力な武将のひとりとなるのだが、ある時期までは敵対していた。その張繍には、夏詡《かく》という参謀がいた。

これは曹操と張繍が戦ったときの、夏詡の計略だ。

曹操軍が押し寄せてきたので、張繍は南陽城《なんようじょう》に立て籠る策をとった。

曹操は、城を検分し、東南の角の城壁が脆くなっており、防備も手薄であることを見抜いた。

侵入するには、そこからがいい。だが、相手も自分の弱点は知っているだろうから警戒しているかもしれない。そこで、曹操は、西門の角に薪を積むなどして、西から攻めるふりをした。

夏詡は、曹操の計略を見破った。そこでとったのが、この「虚誘掩殺《きょゆうえんさつ》の計」。わざとその西門の警護を固めるよう指示した。その一方で、東南には、伏兵を忍ばせていたのである。

曹操は、張繍軍が西の防衛を強化したのを知ると、作戦が当たったと思い込んだ。すっかり相手の裏をかいたつもりになり、予定どおり、東南の城壁に向かった。だが、そこには多くの伏兵が待ち構えていたので、曹操軍は撃退されてしまうのであった。

弱点を見せて敵を誘い込み、陣中に入ったところで、おおうようにして殺してしまう。これが、虚誘掩殺の計。相手が、曹操のような自信家の場合、とくに成功しやすいかもしれない。

8 苦肉《くにく》の計――どれくらい演技力が必要か

「苦肉《くにく》の策」は苦し紛れに考え出した策のことをいうが、「苦肉の計」は、自分の肉体を苦しめて敵を欺く計略のことをいう。

赤壁の戦いでは、この苦肉の計によって、孫権《そんけん》軍は勝利したともいえる。

この赤壁の戦いでは、孫権の武将、黄蓋《こうがい》が曹操の水軍に近づき、船に火を放って全滅させたわけで、これを「火攻めの計」という。そして、それを成功に導くために用いられたのが、苦肉の計である。

曹操軍に、敵の黄蓋が近づけたのは、投降したいという連絡が事前にあったためである。曹操はこれを信じ、黄蓋の一軍がやってきても、迎え撃たずに通し、それが壊滅を導いた。

なぜ曹操は、敵の武将が「投降する」と言ったのを信用したのか。逆にいえば、どうやって黄蓋は、曹操に信じ込ませることができたのか。

孫権軍の参謀である周瑜《しゅうゆ》と黄蓋は曹操を倒すための作戦を練り、黄蓋が自ら犠牲になることを志願した。

孫権の軍に、曹操を裏切ってきたという武将がいた。彼らは実はスパイだったのだが、そんなことは見抜かれていた。孫権軍の軍議が開かれ、周瑜が攻撃の準備を始めるよう命令すると、黄蓋がそれに反対し、「勝てそうもないから犠牲の出る前に降伏するべきだ」と言った。その結果、黄蓋と周瑜は激しく言い争う。

周瑜はついに、「最高司令官である私の命令がきけないのか、一戦も交えぬうちに降伏とは部下に示しがつかない、斬れ」と処分を発表する。その場にいた者たちは、あまりの激しい口論に、誰も何も言えなかったが、さすがに長年の功労者である黄蓋の処刑だけは阻止せねばと思い、周瑜に思いとどまるよう説得する。周瑜も「そんなに言うのなら、杖で百打ちの刑で許してやる」となった。とはいっても、高齢である黄蓋に対してはかなり厳しい刑である。へたをしたら、死んでしまうかもしれない。

だが、黄蓋はこの刑に耐えた。まさに、苦肉である。

それを見ていた曹操のスパイは、さっそく、このことを知らせる密書を出した。

黄蓋は信頼できる側近を、密かに曹操のもとに送り、「周瑜によって大勢の前で恥をかかされた、もう孫権軍にいるつもりはない、投降したい」と伝えたのである。

最初は疑った曹操だが、黄蓋が酷い目にあったことがスパイから伝えられると、黄蓋の投降を信用してしまった。

黄蓋の、自らの肉体をかけての一世一代の大芝居が、赤壁の戦いでの勝利をもたらしたのであった。

9 十面埋伏《じゅうめんまいふく》の計――かなり高度な戦術だが、本当に可能なのか？

曹操が袁紹《えんしょう》との倉亭《そうてい》の戦いで使った待ち伏せ戦術。

これは成功したから計略として語られるわけだが、ひとつ間違えば大敗北につながるものだった。

何事においても、頂点に達すれば、あとは下ってしまう。戦力も同じで、圧倒的に強いと思われる軍団も、頂点を過ぎれば、脆《もろ》い。油断もあれば、疲労もあるからだ。問題は、どこが頂点なのか、自分たちにも、そして敵にも分からないことだ。

そこで、相手をわざと頂点にもっていくようにさせ、それを超えたところで、一気に叩く、という戦法が、これだ。

曹操は、わざと後退をはじめ、黄河《こうが》を背にして陣を敷いた。まさに、背水《はいすい》の陣である。もう後方には逃げられない。

そこで、「ここで叩き潰してやろう」と袁紹軍は総攻撃を仕掛けた。この時点で、その戦力は頂点に達したのである。ところが、あまりの大軍が一気に攻めたため、指揮系列が乱れてしまう。そこに、十箇所に潜ませていた曹操軍の伏兵が襲いかかり、さらに混乱する。

こうして、大軍の袁紹軍は脆くなり、負けてしまったのだ。

▼▼▼10

連環の計②——簡単な罠に引っ掛かった曹操の不覚

「三国志」には、連環《れんかん》の計が二つ登場する。ひとつは呂布がひっかかり董卓を殺してしまったときのものだが、もうひとつが、赤壁の戦いで曹操の大敗北につながるものだ。

河北《かほく》の平原での戦いに慣れていた曹操軍は、水軍を編成したものの、兵たちが船酔いをしてしまい、体力が衰えていた。そこに南方特有の伝染病もはやりだし、兵の健康問題の解決が急務となっていた。

そんなとき、曹操の前にその智謀が知られていた龐統《ほうとう》が現れる。彼は実は敵の孫《そん》権《けん》側についていたのだが、そんなそぶりは見せず、悩む曹操に、兵の船酔いを解決するための策として授けたのが、連環の計である。

船というものは、大きくなればなるほど、揺れは少ない。一艘ごとの小舟だと揺れが激しく、船酔いするわけだから、小さな船を大きな船に鎖でつないでいき、ひとつの巨大な船にしてしまえば、揺れが小さくなる。この計を、曹操はさっそく採用し、船と船をつなぐよう指示した。こうして、水上の大要塞は、より確固としたものになったのである。

ところが、これこそが、後の火攻めのための伏線《ふくせん》だった。火攻めをより効果的にするためには、船が密集していなければならない。すぐにバラバラに離れてしまえば、延焼して大火にならないからである。

そんな計画があるとも知らず、曹操は、船を鎖でつなぐ「連環の計」に満足していた。

それがより大きな謀略だったと知るのは、火が放たれ、鎖でつながれているため、逃げることができず、水軍が全滅してしまったときだった。

11 十万本の矢——三日で集めるために諸葛孔明は何をした？

「三国志」の時代は、鉄砲はまだないので、飛び道具といえば、弓矢である。矢は消耗品だから、いくらあっても、足りない。

赤壁《せきへき》の戦いの直前のことである。劉備と孫権の同盟が成立するわけだが、孫権は、劉備の使者としてきた孔明があまりに頭がいいのに恐れを抱いた。このまま孔明が劉備のもとにいたのでは、やがて巨大な敵になりそうだ。いまのうちに始末したい。だが、同盟を結んでいる以上、勝手に殺すことはできない。

そこで、孔明に無理難題をふっかけ、わざと失敗させ、その責任をとらせて処刑しようとした。

このような背景があって、孔明は、十万本の矢を十日で用意するように依頼された。

すると孔明は、「三日のうちに用意しましょう」と答える。何百人の鍛冶がいたとしても、不可能な日数である。

だが、孔明は鍛冶を大量に雇ったわけではなかった。数百人の兵と二十艘《そう》あまりの船を借り、さらに藁《わら》人形をたくさん作らせた。そして、約束の三日目の前夜、霧がたちこめるなか、曹操軍の陣中に向かい、船を進ませたのである。急襲に驚いた曹操軍は、迎撃した。孔明が率いる船団に、矢が降りかかる。それらの矢は藁人形に突き刺さっていく。

ころあいをみて、孔明は船を撤退させた。それぞれの船に七千から八千の敵の矢が刺さっていた。合計して、十万以上。こうして、孔明は約束を果したのである。

種をあかせば、孔明は気象の知識に秀でており、三日後に霧がたちこめることを「予報」していたのであった。

いずれにしろ、矢を作るのではなく、敵に攻撃させて、自分のものにしてしまうという、逆転の発想の勝利だった。

▼▼▼12 空城《くうじょう》の計――人間心理をついた、大胆な計略

これは「孫子《そんし》」の兵法のなかのひとつでもある。

ある意味では一か八かの博打みたいな計略で、人間心理の裏を突いたものだ。

魏への北伐に出たものの敗退した蜀軍の一部は、蓄えていた食糧を移動させるために、西城《せいじょう》という城に立ち寄っていた。

その数、わずか二千人。そこに、司馬懿《しばい》が率いる魏の大軍が押し寄せてくるという知らせが届く。このままでは全滅だ。だが、孔明は動じることなく、ある命令を下す。

魏の軍勢は、ついに西城の手前までやってきた。さあ、攻め込むぞ、と思ったが、意外なことに、城の門が開いたままだ。かがり火が燃え、門前には水がまかれ

ている。

まるで、「ようこそ、お越しくださいました」と出迎えているかのようだ。そして、どこからともなく、琴の音色が聞こえてくる。見ると、高楼《こうろう》の上で諸葛孔明自らが弾いているのだった。

司馬懿は「これは罠に違いない。攻め込んだところを、伏兵が待ち構えているのだろう」と思い込んでしまい、兵を撤退させた。こうして、襲撃されずにすんだ、というエピソードである。

どんなに厳重に鍵をかけても、空き巣に入られるときは入られる。その逆に、ドアを開け放しておけば、なかにひとがいると思って入られないかもしれない。それと同じである。

この場合は、まさに一か八かだが、孔明にはこの計略がうまくいくとの計算が成り立っていた。というのも、相手が司馬懿という策士だったからだ。

相手が単純な武将だったら、罠があるかもしれないと考えることもせずに突入したかもしれないが、自分自身が策士でもある司馬懿は、孔明ともあろうものが、罠を仕掛けていないはずがない、と思い込んだ。孔明はそこまで計算していたのである。
知恵者と知恵者の戦いならではの計略であった。

13 錦嚢《きんのう》の妙計《みょうけい》——味方を怒らせてどこまで敵をだませるか

「三国志」の時代、携帯電話はもちろん、普通の電話も無線もなく、伝令の手段としては、人が馬に乗って走るしかない。こんな時代に離れている地にいる味方を遠隔操作して戦わせるのは不可能に近いのだが、それを可能にするのが、孔明の智謀であった。

この計は「空城《くうじょう》の計」のバリエーションなのだが、赤壁の戦いの後のエピソードである。

諸葛孔明は襄陽《じょうよう》を守っていたが、その兵は一千に満たない。そこに、曹操が三十万の軍勢を率いて、近くの樊城《はんじょう》に攻めてきたとの報が入る。

劉備軍の主だった将軍たちは遠方にいて、近くにいるのは、結婚したばかりの張飛のみ。

孔明は、張飛に百騎を率いて樊城を守りに行ってくれと命じ、「ここに計略が記してあるから着いたら開けて見るように」と言って、錦《にしき》の袋を渡した。

樊城に着いた張飛は、少ない兵で大軍と戦うにはこれしかないと、空城の計を用いることにし、門を開け放ち、曹操軍を迎える。いざとなったら、孔明の授けた策に従えばいいと軽く思っていた。

しかし、曹操はこれが「空城の計」だと見抜き、「だまされないぞ」と進撃を命じた。

敵が迫ってくるのを知った張飛は、慌てて錦の袋を開き、なかの紙を取り出すが、何と白紙だった。「孔明に騙された！」と張飛は大声を出した。

「わざと俺に空の城を守らせたんだな」と孔明を罵る張飛。そのあまりのすさまじさに、外で聞いていた曹操は、これ自体が罠だと勘違いし、攻撃を中止して、退却していった。

退却する曹操軍を見て、張飛とその妻は、ようやく、すべてが孔明の計略であったと悟り、喜ぶ。

短気で単純な張飛、疑い深い曹操、この二人の性格を熟知したうえでの計略だったわけだが、はたして、実際のところ、そんなにうまくいくかどうか。

14 七《しち》縦《しょう》七《しち》擒《きん》——抵抗する相手がなぜ心から服従する？

中国人イコール漢民族と思われがちだが、中国は多民族国家である。もちろん、漢民族はそのなかで人数も多く、中国全土を統一して支配した王朝の多くは漢民族によるものだ。例外的なのが、チンギス・ハーンの元帝国である。

「三国志」の後半、諸葛孔明は、魏を倒す前に、蜀の南部、いまのベトナムに、異民族の討伐に出かけた。背後をしっかり固めてからでなければ、魏との決戦を安心して戦えないからである。

こうして、南部の密林地帯に蜀の軍勢は進軍していった。

南方には数多くの異民族がいた。ひとつひとつは少数だが、それが反・蜀で団結するようになった。

リーダーは孟獲《もうかく》といった。孔明は苦戦した。ゲリラ戦を強いられ、また南方特有の風土病に兵が倒れたり、自然も相手にしなければならなかった。このあたりは、二〇世紀のベトナム戦争で苦戦したアメリカ軍と同じだ。

だが、最後は圧倒的に兵力でまさる蜀軍が勝利した。この点は、イラク戦争でアメリカが勝ったのと同じである。しかし、その後の展開は違った。

孔明は、リーダーの孟獲を捕えると、わざと自由にさせてやった。すると、孟獲は、孔明の寛大な心を裏切って逃げだし、またしても反乱軍を組織して逆襲してくる。だが、また負けて捕えられてしまう。

ところが、孔明はまたしても、それを許す。孟獲はまたも逃げ出して反乱軍を率いて攻める。これを、七回も繰り返した。

さすがに最後には、孟獲のほうがまいってしまった。何度裏切っても許してくれる孔明に対し尊敬の念を抱き、もう二度と反抗しないと誓う。孔明は孟獲に南方をまかせることにし、一種の自治権を与えた。

これによって、異民族たちの反乱は鎮圧され、蜀の南部は安定。孔明は安心して北方の魏に侵攻できることになったのである。

15 美人《びじん》の計——ありふれているが、効果はあるか

男を篭絡《ろうらく》させるには、女を使うのがいちばん。あまりにも単純な計略である。計略といえるのかどうかと、思うほど、誰にでも思いつく手だ。

今も、企業が得意先を接待するときに、きれいな女性のいる店に連れていくのは、この延長にある。

これにひっかかりそうになったのが、何と、劉備である。そこらの会社のサラリーマンならともかく、皇帝がひっかかってしまっていいのだろうか。

孫権との同盟関係を結んだ劉備は、さらにそれを強化するため、孫権の妹と結婚することになった。劉備はそのとき五十歳をこえ、孫権の妹はまだ一七歳。まさに父子ほども年が離れていた。

結婚式は孫権の呉でおこないたいというので、劉備は趙雲《ちょううん》とわずかの兵とともに呉に向かい、初対面の孫権と親交を深めることになった。孫権の参謀の周瑜は、

劉備を帰国させまいとして、毎晩、美人をはべらせての宴会を開き、さらには劉備に贅沢三昧の暮らしをさせる。

貧乏に育ち、成人してからも戦いに明け暮れていた劉備は、贅沢と女たちがすっかり気に入ってしまい、なかなか帰ろうとしない。美人の計に、まんまとひっかかってしまったのだ。趙雲は、これを苦々しく思って見ていた。

孔明は、こうなることを予測していた。

出発する際、趙雲に「困ったときはこの袋の中にある文書を読め、秘策が書いてある」と言って、錦の袋を渡していたのだ。趙雲は「今こそ、これを開くときだ」と思い、開けてみた。すると、「劉備が帰ろうとしない場合は、曹操が攻めてきたと伝えるように」とあった。

趙雲がその通りにすると、劉備は帰国を決意したのである。

一国の主も女と贅沢には弱いという、あまりにも単純な例である。

COLUMN

『三国志』に関係がある故事・格言

「三国志」を読んでいると、「この言葉、どこかで聞いたな」と思うフレーズが出てくる。千数百年にわたり読まれているだけに、中国はもちろん、我々日本民族の間にも、「三国志」から生まれた言葉が、日常語となっているケースが少なくないのだ。

そのなかでも代表的な言葉を紹介する。

白眉《はくび》

「三国志」は数ある歴史物語のなかでも、白眉だ――このように、同類のなかでもっとも優れているものを表現するのに、「白眉」という言葉がある。

この言葉そのものも、「三国志」から生まれたものだ。

もとの意味は、字のとおり、「白い眉」。これが、なぜ誉め言葉になるのかというと、蜀で劉備の侍中（いまでいう秘書官）をしていた馬良という男がとても優秀で、彼の眉が白かったからだ。彼は五人兄弟のいちばん上でもあった。五人はみな優秀なことでも有名だった。しかし、「そのなかでも、あえて誰がいちばんかというと、眉の白い馬良だ」ということで、「白眉」という言葉は、同類のなかでもっとも優れたもの、という意味になったのである。
この馬良は主に蜀の民政面での貢献が大きかったが、夷陵の戦いで戦死してしまった。

泣《な》いて馬謖《ばしょく》を斬《き》る

馬謖は、「白眉」の馬良の弟にあたる。馬五兄弟はみな頭もよければ、武力も優れていた。馬謖もその頭脳明晰ぶりが幼い頃から知られ、諸葛孔明に可愛がられていた。諸葛孔明は軍略を授け、自分の後継者にしようとまで考えたともいわれる。
ところが、彼には唯一の欠点として、自信過剰なところがあった。それが結局、彼の命を奪うことになった。

諸葛孔明の第一次北伐の際のことである。馬謖は先鋒の大将に抜擢され、街道の守備をまかされた。諸葛孔明の命令は、そこにじっとしていることだったのだが、馬謖は先走って丘の上に陣取り、攻撃を仕掛けてしまう。ところが、逆襲にあい、従えていた五〇〇〇の部下のほとんどを失ってしまうばかりか、諸葛孔明の描いた戦略が瓦解してしまい、全体の敗戦につながってしまう。

軍において、命令に違反するのは死罪に値した。まして、それが敗戦の原因となったのであるから、普通なら、当然、打ち首である。だが、馬謖は諸葛孔明が弟のように可愛がり、また将来を期待していた部下だった。はたして孔明は馬謖を死刑にできるのか。皆が孔明の下す処置に注目した。

たしかに、孔明は悩んだ。だが、軍律は何よりも優先しなければならない。そうしなければ、他の者へのしめしがつかない。孔明は泣く思いで馬謖を死刑に処した。

このことから、愛するもの、信頼していた部下を、やむなく、処罰することを、「泣いて馬謖を斬る」というようになった。

処罰ではないが、企業のリストラが進むなかで、「泣いて馬謖を斬る」ような思いで、可愛がっていた部下に整理解雇を通告した人事担当者も多いことだろう。

会社をクビになるのと違い、馬謖の場合、本当に首を斬られたわけで、「三国志」の世界はいまとは比べものにならないくらい、厳しい。

白眼視《はくがんし》

「白眼視する」といえば漢文調だが、日常会話でも、「白い目で見る」と、よく使われる。「冷たい目で見る」、つまり冷淡だったり、軽蔑していることをいう。どちらにしろ、あまり白い目で見られたくはないものだ。

これも「三国志」の登場人物が、実際に白い目で見た故事に由来する。

白い目で見たのは、竹林《ちくりん》の七賢《しちけん》のひとり、阮籍《げんせき》。竹林の七賢とは、七人の、いまでいう評論家のこと。彼らは、現実から離れ、理論ばかりを論じることで、現実政治への批判をしていた。

曹操が死んだ後、司馬一族がクーデターで魏の政権を握ると、阮籍はそれに反発した。彼には白眼をむく特技があり、話をしている相手が司馬一族の味方をして何か言うと、白眼をむいて、そのまま応対した。

このことから、白眼視することは、相手に対して冷淡であり軽蔑しているという意味になった。それが転じて、別に白眼をむかなくても、冷淡なことを「白眼視」というようになったのである。

破竹《はちく》の勢《いきお》い

企業が急成長を遂げたり、あるいはプロ野球やJリーグであるチームが独走し、その勢いが止まらないときなどに、「破竹の勢い」という。

詳しい意味は分からなくても、竹を破るのだから、何となく勢いがありそうなことは、感じられる。しかし、これもまた「三国志」に関係する言葉なのだ。

「三国志」時代も末期、魏が滅び晋が建国され、いよいよ統一国家への道を進もうとしていたころの話だ。西暦二七九年、晋は呉に侵攻しようとしていた。その晋の大将軍、杜預《とよ》が、攻撃を開始するときに発したのが、「あとは竹を割るようなものだ」という言葉。

竹は固いが、一節割れば、あとは簡単に一直線に割ることができる。そのことから、物事の勢いがすさまじいことを、破竹の勢いと、昔から言っていたようだ。それを、まさに証明したのが、杜預が率いる晋軍だったのだ。

登竜門《とうりゅうもん》

ある専門の道に進む際の試験など、そこを通過すれば将来が約束されるものを登竜門という。たとえば、芥川賞は作家への登竜門だし、東大法学部は官僚への登竜門だろう。

しかし、登竜門という門が実際にあったわけではない。黄河上流に、狭い渓谷から大河になる急流があった。魚がこの急流を逆に上っていけば、竜になれるという言い伝えがあるほどの急流で、そのことから、竜門と呼ばれていた。それを上っていくことが、登竜門なのだ。

これがどう「三国志」と関係があるかというと、李膺《りよう》という後漢の官僚だった人物に認められることが、竜門を登ることにたとえられたからだ。

後漢末期、宮廷は腐敗し、多くの官僚も堕落し私腹を肥やすことに夢中になっていた。そのなかにあって、賄賂を受け取らず個人的蓄財をしない、清廉潔白な官僚たちも、わずかだがいて、彼らは「清流派」と呼ばれた。李膺は、その清流派の代表格で、いまの日本での警視総監のような役職である司隷校尉《しれいこうい》に就いていた。だが、宦官たちの陰謀で失脚し、その後、処刑されてしまう。

この李膺の知遇を得るのは困難だったの

で、それがかなった人は、竜門を登るような思いだ、といったのである。

累卵《るいらん》の危《あや》うき

台所でもっとも気をつけなければならない食材は、生卵である。ちょっと目をはなした隙にころがって、割れてしまった経験は誰にもあるだろう。もし、卵を山のように積み重ねたら、どうなるか。ちょっと息を吹きかけただけでも崩れ、それと同時に、すべて割れてしまうだろう。

累卵とは、脆くて危険な状態のたとえである。

「三国志」よりも前の時代からあった言葉のようで、司馬遷の『史記』にも登場するという。「三国志」でこれを使ったのは陳珪という人物。

袁術《えんじゅつ》と呂布《りょふ》は、反曹操との点で利害が一致し、お互いの子ども同士を結婚させるという話が進んでいた。これが実現すれば、同盟はより強固なものとなるので、曹操にとっては、何としても阻止したかった。そこで、陳珪《ちんけい》に依頼し、呂布に思いとどまるよう説得してもらった。

陳珪は説得した。「曹操は帝を奉じており、公式に国政を担っている。それに逆らうことは、逆賊になることを意味する。そうなれば、あなたがこれまでに築いてきた名声や権力は、すべて『累卵の危うき』のような状態になってしまう」。

呂布は、なるほどと思い、袁術との間の

政略結婚をやめたのである。

髀肉《ひにく》の嘆《たん》

髀肉とは、太もものことだ。そこに肉がついたことを嘆いている。ようするに、太ってしまったのだ。

嘆いたのは、「三国志」の主人公、劉備玄徳。曹操との戦いに敗れ、劉表のもとに落ち着いていた頃の話である。荊州の劉表の客将となり、北方の守りをまかされたのはいいが、北から攻めてくるはずの曹操は、袁紹との戦いで忙しく、南下してくる気配はなく、よくいえば平和な日々、悪くいえば退屈な日々が続いていた。そのため、かつては引き締まっていた身体にも、だいぶ肉がついてしまった。

荊州にくるまでは休む間もない、闘いに明け暮れた日々を送っていた劉備は、そんな日々が懐かしく思えるとともに、このまま何もしないで老いていくのかと思うと、悲しくなったのである。

そんなある日、劉表に宴に招かれた。宴会の途中、厠（トイレ）に立った劉備が戻ってくると、涙のあとがある。「どうしたのか」と劉表が尋ねると、「厠でふと、自分の太ももを見ると、すっかり肉がついていました。このまま一花咲かせることもなく、歳をとっていくのかと思うと涙が出ました」と答えたのである。

これが「髀肉の嘆」である。ダイエットしなければと思う、いまの中年サラリーマンにとっても、身の詰まされる言葉である。

三顧《さんこ》の礼《れい》

「三顧の礼」といえば、劉備玄徳が諸葛孔明を参謀として招きたいがために、三回も訪れたことで知られる故事。

このことから、今でも、総理大臣が諮問機関のトップに著名な経営者や学者などに就任してもらいたいときに自ら説得に行く場合や、ライバル企業のトップセールスマンをヘッドハンターするために、社長自らが交渉するようなときに使われる。この場合は劉備のように、三回も訪れる必要はない。

時々、なかなか承諾してくれない相手と三回会って交渉して、ようやく納得してくれた、という意味で使われるが、これは「三顧の礼」ではない。

「三顧の礼」とは、回数が問題なのではなく、あくまで、身分が上の者が、下の者のところに「出向く」ことをいう。「話があるからちょっときてくれ」と呼び付けて、自分に協力してくれ、と頼んだのでは「三顧の礼」とはいわないのだ。

どんな人間集団でもそうだろうが、もとからいる者たちにとって、あとから参加してくる者の存在は、たとえその人物がどんなに優秀であっても、あまり愉快ではない。これは、こんにちのサラリーマン社会でも同じだろう。中途採用の人は、有能でも外様扱いされ、なかなか前からいる社員と打ち解けない。そればかりか、その新任の上司の指示に従わない部下も多いだろう。有能な新参者に権威を与えるためには、トップがどれほどその人物を大事に思っているかを、部下たちに知らしめる必要がある。そのためにも、有能な人を招聘する場合、三顧の礼を尽くして迎え入れる必要があるのだ。

しかし、めでたく話がまとまった後、雇われた者が「社長が頭を下げたから入ってやったんだ」という気持ちで威張っていると、長続きはしないであろう。

水魚《すいぎょ》の交《まじ》わり

これは、諸葛孔明との関係を問われた際に、劉備が言った言葉。

劉備があまりにも孔明とばかり一緒にいて、孔明の言うことばかり聞くので、義兄弟の契りを結んだ関羽と張飛としては、おもしろくない。そこで、「俺たちのことを忘れては困る」と劉備に文句を言ったところ、返ってきたのが、この言葉だった。

ようやく優れた軍師と出会えた劉備にとって、孔明はなくてはならぬ存在だった。「私にとって孔明は、魚と水のように、切っても切れない関係だ」という意味だ。

ここまで言われてしまえば、関羽と張飛としても諦め、孔明との仲を認めるしかなかったのである。ここで、劉備が関羽や張飛にもいい顔をして、「お前らのほうが大事に決まっているじゃないか」などとつくろうとしたら、その場はおさまっても、結局は不満が残り、四人の関係はぎくしゃくしたであろう。

本当に信頼できる相手と見込んだ場合は、まわりが何と言おうと、重用すべきという教訓にもなる。一人の部下をひいきするなら、徹底的にしたほうがいいわけだ。

危急存亡《ききゅうそんぼう》の秋《とき》

孔明が魏への北伐に出かける際に、皇帝・劉禅にあてて書いた「出師の表」に出てくる言葉で、「今、天下は三分し、益州疲弊せり。これ危急存亡の秋」とある。

劉備の子でありながら、二代目の哀しさか、ちやほやされて育ったせいか、もともと頭がよくなかったのか、状況認識があまりできない劉禅に対し、孔明は、いまは国家の一大事、このままでは国が滅びてしまう、だから、私は魏を倒しに行く、と告げたのである。

「秋」という字は、「とき」と読む場合があり、「重大な時」という意味になる。ただの「危急存亡の時」ではなく、「秋」とすることで、より危機感を募らせていたわけだ。

だが、その孔明の思いを、劉禅がはたして理解したかどうか。

「秋」という字のそういう意味を知らない人に向かって、「とき」という意味で使うと、「いまは夏だよ」などと、訂正されてしまうから、相手を見て使いたい。

■激動の古代中国年表

年代	主な出来事
	五帝の時代
前17C頃	夏王朝滅びる。湯王が即位し、殷王朝成立
前11C頃	紂王が倒され殷王朝が滅びる
前１０４６頃	武王（発）が即位し、周王朝成立
前８４１	『史記』（司馬遷）に記された共和元年
前７８２	幽王が即位
前７７１	中侯らによって幽王が殺される。平王が即位
前７７０	平王が洛邑に遷都（東周）。春秋時代へ（〜前４０３）
前４５３	晋が韓・魏・趙に分裂する
前４０３	周の威烈王が韓・魏・趙を承認。戦国時代へ（〜前２２１）
前３７６	晋が滅びる。戦国七雄の時代
前２２１	秦の始皇帝によって中国が統一される
前２０９	陳勝・呉広の乱
前２０６	秦王朝が滅びる
前２０２	劉邦が即位し、漢建国
前１５４	呉楚七国の乱
前１４１	武帝が即位
前９７	『史記』（司馬遷）が完成する
8	前漢滅びる。王莽が即位し、新建国
25	光武帝が即位し、後漢建国

年代	主な出来事
１８４	黄巾の乱
２００	曹操が袁紹を破る（官渡の戦い）
２０８	劉備、孫権連合軍が曹操を破る（赤壁の戦い）
２１６	曹操が魏王となる
２２０	後漢滅びる
２２１	劉備が蜀を建国
２２２	孫権が呉を建国
２３４	「北伐」の最中諸葛孔明が死去
２６３	魏が蜀を滅ぼす
２６５	魏滅びる。武帝が即位し、晋建国
２８０	晋が呉を滅ぼし、中国を統一する
３０４	五胡十六国時代へ（〜４３９）
３１６	前趙の劉曜によって、晋滅びる
３１７	東晋建国
４２０	劉裕によって宋王朝成立（南朝）
４３９	北魏による華北統一（北朝）
４７９	蕭道成により、南斉建国
５０２	蕭衍によって、梁王朝成立
５３５	北魏が東西に分裂する
５７７	北周が北斉を滅ぼし、華北統一
５８１	楊堅（文帝）が北周に代わり隋建国
５８９	隋が中国を統一する

■参考文献

『史記』司馬遷著　市川宏・杉本建夫訳（徳間書店）／『中国五千年　上下』陳舜臣（講談社文庫）／『中国皇帝歴代誌』稲畑耕一郎監修　アン・パールダン著　月森左知訳（創元社）／『中国の歴史　上中下』貝塚茂樹（岩波新書）／『中国史重要人物101』井波律子編（新書館）／『古代中国』貝塚茂樹・伊藤道治（講談社学術文庫）／『秦漢帝国』西嶋定生（講談社学術文庫）／『五代と宋の興亡』周藤吉之・中嶋敏（講談社学術文庫）／『「史記」の人間学』雑喉潤（講談社現代新書）／『隋唐帝国』布目潮渢（講談社学術文庫）／『物語　中国の歴史』寺田隆信（中公新書）／『中国文明の歴史』岡田英弘（講談社現代新書）／『魏晋南北朝』川勝義雄（講談社学術文庫）／『史記・春秋戦国人物事典』小山文彦・瀬戸慎一郎（新紀元社）／『詳説世界史』（山川出版社）／『三国志演義』羅貫中、井波律子訳（ちくま学芸文庫）／『正史　三国志』陳寿、今鷹真・井波律子・小南一郎訳（ちくま文庫）／『三国志』横山光輝（潮出版社）／『三国志』吉川英治（講談社）／『三国志』北方謙三（角川春樹事務所）／『蒼天航路』原作・李學仁、漫画・王欣太（講談社）／『三国志演義大事典』沈伯俊・譚良嘯編著、立間祥介・岡崎由美・土屋文子訳（潮出版社）／『中国の歴史三』陳舜臣（講談社文庫）／『目からウロコの三国志』桐野作人（PHP研究所）／『「三国志」合戦事典』柘植久慶（PHP文庫）／『三国志　英雄の名言100』川口素生（KKベストセラーズ）／『新版三国志新聞』三国志新聞編纂委員会編（日本文芸社）／『僕たちの好きな三国志』（別冊宝

島セレクション)/『まる読み版三国志』(別冊宝島)/『図解雑学三国志』渡邊義浩(ナツメ社)/『図説三国志がよくわかる事典』守屋洋監修(三笠書房)/『面白いほどよくわかる三国志』阿部幸夫監修、神保龍太著(日本文芸社)/『歴史地図で読み解く三国志』武光誠(青春出版社)/『改訂新版大三国志』(世界文化社)/『早わかり三国志』原遙平(日本実業出版社)/ほか

※本書は、『いまさら聞けない三国志の大疑問』(二〇〇五年/小社刊)、『覇王列伝　大陸の興亡編』(二〇〇六年/同)を改題・再編集したものです。

青春文庫

史記《しき》と三国志《さんごくし》
天下《てんか》をめぐる覇権《はけん》の興亡《こうぼう》が一気《いっき》に読《よ》める！

2017年12月20日　第1刷

編　者　おもしろ中国史学会《ちゅうごくしがっかい》
発行者　小澤源太郎
責任編集　株式会社プライム涌光
発行所　株式会社青春出版社
〒162-0056　東京都新宿区若松町12-1
電話 03-3203-2850（編集部）
03-3207-1916（営業部）
振替番号　00190-7-98602
印刷／大日本印刷
製本／ナショナル製本
ISBN 978-4-413-09685-0

ほんとうのあなたに出逢う　青春文庫

論理のスキと心理のツボが面白いほど見える本

ビジネスフレームワーク研究所［編］

「説得力」のカラクリ、すべて見せます。アタマもココロも思いどおりにできる禁断のハウツー本。

(SE-680)

なぜか子どもが心を閉ざす親　開く親

加藤諦三

一見、うまくいっている親子が実は危ない。知らずに、子どもの心の毒になる親の共通点とは！

(SE-681)

知られざる幕末維新の舞台裏
西郷どんと篤姫

中江克己

たった一度の出会いながら、深い縁で結ばれていた二人の運命とは！
――大河ドラマがグンと面白くなる本

(SE-682)

刀剣・兜で知る戦国武将40話

歴史の謎研究会［編］

塩の礼に信玄が送った名刀の謎。大槍「蜻蛉切」に隠された本多忠勝の強さの秘密…。武具に秘められた波乱のドラマに迫る！

(SE-683)